MARIE-MORGANE LE MOËL
ET SOLENNE LE HEN

# Les Négligées

## Enquête au cœur du business de la santé des femmes

HarperCollins

HARPERCOLLINS FRANCE
83-85, boulevard Vincent-Auriol, 75646 PARIS CEDEX 13
Tél. : 01 42 16 63 63

www.harpercollins.fr

ISBN 979-1-0339-1514-0

*Pour Isolde, Billie et Meï, nos héroïnes de demain*

# Préface

Alors que 81 % des femmes se préoccupent davantage de la santé de leurs proches (conjoint, parents, enfants...) que de la leur, elles sont encore 77 % à repousser leur consultation chez leur médecin et ne sont que 38 % à faire des bilans de santé périodiques. Elles ont largement tendance à minimiser les facteurs de risques et elles sont 80 % à méconnaître les symptômes de l'infarctus du myocarde spécifiques aux femmes[1].

Pourtant, les maladies cardiovasculaires sont encore la première cause de mortalité chez les femmes[2] alors que l'inconscient collectif en fait toujours des maladies d'hommes.

Or, dans huit cas sur dix, nous pouvons éviter d'entrer dans la maladie cardiovasculaire, simplement en revisitant notre hygiène de vie et en nous assurant d'un suivi médical régulier.

Tous ces constats nous font aussi pointer du doigt la nécessité absolue de faire évoluer les mentalités sur cette urgence médico-sociétale. Notre objectif dès à présent doit être, pour nous toutes : Agir plutôt que subir !

Ces chiffres, tout comme les histoires vécues de patientes victimes de ces pertes de chances, nous ont décidés, avec Thierry Drilhon, dirigeant d'entreprises, à créer en 2020 notre association Agir pour le cœur des femmes, autour de trois missions : *alerter, anticiper et agir*, avec un objectif initial : celui de sauver 10 000 vies à cinq ans, objectif dont nous savons déjà qu'il est largement dépassé. Ce n'est certes pas suffisant, mais chaque

1. Enquête d'Axa Prévention menée par Elabe en 2021.
2. Santé publique France.

action colibri prend toute son importance pour éteindre cette flambée de maladies cardiovasculaires.

Nous devons nous impliquer dans notre santé, nous mobiliser pour préparer efficacement nos consultations, et aider notre médecin au quotidien à l'heure de la désertification médicale. Nous inscrire dans une alliance de soins et de prévention. Nous fixer chaque année des rendez-vous avec notre santé et ne pas y déroger, comme je le fais moi-même d'ailleurs. Car notre objectif est bien de vivre longtemps en bonne santé, sans handicap, et de profiter de la vie qui nous est offerte. Notre capital santé est précieux et nous nous devons de le préserver.

Ce sont ces mêmes constats qui rendent essentiel et passionnant le livre de Marie-Morgane Le Moël et Solenne Le Hen. Si leur ouvrage peut contribuer à inciter les femmes à prendre davantage soin d'elles, alors ces deux journalistes auront réussi leur mission d'ambassadrices colibris de cette prévention en actions, qui m'est si chère depuis le début de mon exercice de médecin.

Si ce livre contribue en plus à faire évoluer les pratiques médicales, en prenant mieux en compte les spécificités féminines de certaines pathologies, alors les autrices auront merveilleusement atteint leur objectif en nous offrant de leur temps et leurs réflexions utiles pour nous toutes !

Je ne peux que vous rappeler les propos de Muriel Salle, historienne, maîtresse de conférences (université Claude-Bernard-Lyon-I) et experte en études de genre et humanités médicales, car ils sont d'autant plus intéressants qu'elle n'est pas médecin : « Aujourd'hui, quand une femme a un problème cardiaque, elle est prise en charge trente-sept minutes plus tard qu'un homme. Cela s'explique par diverses raisons. La femme s'est construite dans l'idée qu'elle était atypique et a parfois du mal à énoncer ses symptômes. Quand on évoque la médecine pour les femmes, il s'agit de la "médecine bikini". On y aborde la grossesse, la maternité, les cancers gynécologiques et le cancer du sein, mais très rarement les maladies cardiovasculaires. Les femmes ont un appareil reproducteur, mais elles ont aussi un cœur et des poumons ! »

Le constat est sévère mais réel. Les spécificités du corps des femmes doivent être prises en compte, leurs symptômes atypiques doivent être écoutés. Elles ne peuvent plus être traitées d'hystériques lorsqu'elles sentent que quelque chose ne fonctionne pas bien dans leur corps, avec des manifestations particulières.

Mais, avant tout, la prévention est essentielle. Elle doit s'inscrire dans notre quotidien. Nous ne devons pas attendre d'être malades et d'être pris en charge par l'Assurance maladie, nous devons nous prendre en main avant, c'est un acte citoyen. À nous d'agir sur notre comportement en termes d'hygiène de vie.

Chacun est responsable de sa santé et doit l'entretenir, en augmentant son activité physique, en veillant sur son sommeil, en évitant la cigarette, en mangeant équilibré. Les choix que nous faisons au quotidien, et je dirais même la façon de nous comporter, déterminent pour moitié notre longévité, alors revenons à l'essentiel.

Les femmes doivent tout particulièrement apprendre à être bienveillantes envers elles-mêmes et à écouter leur corps. C'est ce que je répète à l'infini dans mes consultations, où je remets l'humain et l'écoute bienveillante au centre du dialogue. Où les regards comptent. Je défends cette médecine fondée sur l'échange et l'alliance thérapeutique entre le patient et son médecin, également auprès des internes que je forme. Intégrer la sphère psychologique en médecine cardiovasculaire est utile, parce qu'être victime d'un accident cardiaque bouleverse une existence.

Prenons soin de nous. Les femmes ont le droit d'exister pour elles-mêmes, au-delà de leur environnement proche.

Parallèlement à la prévention, ce livre se fixe une autre mission : la transmission – porter ce message de la prise en compte des spécificités féminines à tous les professionnels de santé, les alerter. Et inculquer aux étudiants en médecine l'importance de prendre soin de chaque individu dans sa globalité. La médecine, ce n'est pas seulement prescrire des examens et interpréter des comptes rendus. C'est aussi faire preuve d'écoute et d'humanité, être là quand une personne en a besoin, et transmettre ce que l'on sait à la génération suivante. C'est notre serment d'Hippocrate, que nous soutenons le jour de notre thèse pour devenir docteur en médecine.

Mais, pour faire bouger les lignes, il faut probablement un peu de courage. Le courage de sortir des sentiers battus pour s'opposer à une croyance, celle que les maladies cardiovasculaires sont des maladies d'hommes, par exemple ; le courage de prendre des positions de femme et de les assumer dans des assemblées d'hommes.

Mais le courage ne sert parfois à rien sans la persévérance. On ne réussit pas tout du premier coup. J'ai vécu beaucoup de désillusions, d'échecs, de mises à l'écart, avant de réussir à imposer mon point de vue sur la santé des femmes. Lorsque ce que l'on croit est juste, il ne faut jamais changer de direction, hésiter à répéter, il ne faut jamais perdre courage. Comme dans le sport, il faut souvent accepter de perdre pour réussir à gagner. Et surtout, être persévérant, ne jamais rien lâcher.

Accepter de ne pas réussir tout ce que l'on entreprend dès la première fois va nous apprendre l'humilité. Personne ne sait tout faire, personne ne réussit tout la première fois. L'humilité de se remettre en question nous permet d'avancer. L'humilité, c'est aussi être conscient que l'on ne sait pas tout, savoir s'entourer de conseils pour ce que l'on ne maîtrise pas. Lorsque je suis en face d'un patient et que je ne sais pas, je demande à quelqu'un qui sait mieux que moi, je ne fais pas croire que je sais.

Nous avons besoin du savoir des autres, la notion d'équipe est essentielle, la complémentarité de nos savoirs nous rend plus forts. C'est en cela que le livre de Marie-Morgane et de Solenne est important, car leur enquête de journalistes contribue à nous ouvrir un peu plus les yeux sur la santé des femmes. Leur regard circulaire apporte des éléments concrets aux professionnels de santé.

Les témoignages et les remises en question doivent nous faire accepter le doute. Ce sont les certitudes qui nous font parfois prendre de mauvaises décisions, alors ne soyons pas trop sûrs de nous. La médecine évolue en permanence, le niveau des connaissances progresse, ce que nous avons cru hier sera peut-être modifié demain. Le doute nous aide à prendre les bonnes décisions. Nous devons accepter le doute face à un diagnostic, et chercher à aller plus loin. Chaque cas est un cas particulier, il n'y a jamais de règle à appliquer en permanence.

Le doute, l'humilité, le courage, la persévérance, le dépassement de soi sont des valeurs essentielles. Elles ressortent dans ce livre au service de toutes les femmes, un livre qui cherche à faire avancer la médecine à travers une meilleure prise en compte des spécificités féminines.

Cette prise de conscience survient à une époque qui est favorable aux femmes dans nos pays occidentaux, car elles y affirment leur existence en tant que femmes, avec leurs qualités, leurs défauts et l'acceptation de leurs différences.

Enfin, j'ai trouvé dans ce livre une valeur encore plus forte que toutes les autres, qui peut nous accompagner au quotidien : la prévenance, l'attention à l'autre. Cela ressemble à un conseil de bien-vivre, qui peut aider les femmes à mieux protéger leur santé : faisons preuve de prévenance afin de mieux vivre ensemble. Et de mieux vivre tout court ! Une formule de politesse, un bonjour, un merci, un sourire adressés à un inconnu peuvent rallumer un regard… et tout simplement rendre heureux.

Et si la bienveillance était un élément fondamental de notre santé personnelle et collective ? Au féminin comme au masculin ?

*Pr Claire Mounier-Vehier,*
*cardiologue au CHU de Lille,*
*professeure de médecine vasculaire à l'université de Lille,*
*cofondatrice de l'association Agir pour le cœur des femmes*

# Avant-propos

Longtemps exclues des protocoles de recherche en médecine, les femmes souffrent depuis de nombreuses années de biais de genre et de négligence dans la prise en charge de leur santé. Parole ignorée, douleur sous-estimée, diagnostics erronés, traitements inadaptés, manque d'intérêt des décideurs publics ou des laboratoires… Face à cette errance thérapeutique, elles ont continué de chercher des solutions pour apaiser leurs symptômes. Pour le meilleur comme pour le pire.

*Bonjour Solenne, les règles dans votre couple, c'est un sujet « sang-sible » qui peut offenser ? Il existe depuis bien longtemps une petite révolution : le tampon éponge. Si vous souhaitez recevoir le produit pour test, n'hésitez pas à nous communiquer votre adresse.*

*Chère Marie-Morgane, face à l'endométriose, le CBD est le remède efficace. Avec des prix allant de 8 euros à 14 euros, notre gamme offre le meilleur rapport qualité-prix du marché !*

Journalistes couvrant ou ayant couvert les sujets de santé pour la radio France Info et l'Agence France-Presse, nous recevons quotidiennement un flot de mails promotionnels vantant les mérites de produits prétendument bénéfiques pour la santé des femmes. Gamme de vêtements spéciale ménopause, cures thermales dédiées au traitement de l'endométriose, yoga hormonal, bénédictions du vagin… autant de promesses et de recettes de guérison clamées au tout-venant et vendues à prix d'or. Par moments, cela nous a fait rire. Mais face à la hausse constante de ces publicités pour solutions miracles et à l'adhésion massive qu'elles semblent susciter, le rire a laissé place à la stupéfaction. Comment a émergé ce nouveau business et pourquoi continue-t-il de prospérer ? Représente-t-il un nouvel eldorado pour les entreprises ? Quelle est son influence sur le bien-être et la santé des femmes ? Ces interrogations sont le creuset de cette enquête.

Durant un an et demi de recherches, nous nous sommes rendues sur différents lieux de soins ou de bien-être pour recueillir les paroles de patientes et de soignants, nous avons épluché d'innombrables études, rencontré des entrepreneurs et des investisseurs pour dresser un état des lieux des avancées et des dérives que représente ce nouveau marché.

Une chose est sûre : en dépit de l'intérêt émergent pour le sujet, l'argent manque pour mener des recherches sérieuses. Nous nous en sommes rendu compte avec effarement, les chiffres sont là pour le prouver. Or, avec un budget de recherche limité, « pour un jeune chercheur, il faut être très motivé pour travailler sur la santé des femmes », nous a confié une scientifique. Le serpent se mord la queue, et les patientes attendent des traitements qui n'arrivent pas.

Nous l'affirmons, il faut faire davantage, bien davantage, et pour cela les investissements restent le nerf de la guerre. Après tout, les femmes le valent bien…

# PREMIÈRE PARTIE

## *Où sont les femmes… ?*

Nous sommes fin 2020, souvenez-vous, ce n'est pas si lointain. La pandémie de Covid-19 tue chaque jour des dizaines de milliers de personnes à travers le monde, et deux laboratoires annoncent fièrement à quelques jours d'intervalle avoir réussi à mettre au point leur vaccin. Pfizer/BioNTech et Moderna nous offrent enfin une perspective, mais nous exhortent cependant à la patience : la fabrication et la livraison prendront du temps. Les pays préparent chacun leur plan de vaccination et réservent pour la plupart la priorité de ces vaccins aux personnes les plus à risques : en France, les résidents d'Ehpad et les patients des SSR (soins de suite et de réadaptation). Mauricette est la première, à l'hôpital de Sevran. Les plus de 75 ans suivent, les plus de 50 ans avec comorbidités ensuite. C'est long, c'est lent.

Alors que le virus continuait de tuer et qu'on manquait partout dans le monde de vaccins, imaginez si une partie de la population n'avait eu besoin que d'une demi-dose pour être pleinement vaccinée. Incontestablement, nous aurions gagné du temps, de l'argent, et sauvé des vies. Cette idée paraît folle, mais elle ne relève pas totalement de la science-fiction. La P^re^ Claudine Junien, spécialiste d'épigénétique, explique ainsi que des recherches ont démontré que les femmes ont seulement besoin d'une demi-dose de nombreux vaccins pour être suffisamment protégées[1]. Malheureusement, pour le Covid-19, la plupart des résultats des essais cliniques n'ont pas été analysés en fonction du sexe. Nous ne saurons donc jamais si les femmes auraient pu changer le cours de l'histoire. Elles continuent aujourd'hui de se faire vacciner contre le Covid-19 avec des doses entières.

Non seulement les chercheurs ventilent encore trop peu les résultats de leurs essais cliniques en fonction du sexe, mais – et cela paraît encore plus aberrant – durant des dizaines d'années les médicaments n'ont été testés quasiment que sur des hommes. C'est le cas de la grande majorité de ceux qui se trouvent dans votre armoire à pharmacie. Trop tard, désormais. « Il va falloir faire avec les études qui existent déjà », explique Ariane Galaup-Paci, directrice de recherche au Leem, la fédération française des entreprises du médicament. « On ne refera pas tous les essais, toutes les évaluations des médicaments existants. C'est impossible. Nous devons en revanche désormais nous appuyer sur les données de vie réelle », c'est-à-dire les remontées de pharmacovigilance après commercialisation auprès du grand public.

Au cours de nos différents entretiens avec des médecins et des chercheurs, un conseil est revenu régulièrement : « Allez voir du côté des essais cliniques pour comprendre comment les femmes ont été invariablement écartées de l'élaboration des médicaments. » C'est l'objet de cette première partie. Vous montrer

1. Claudine Junien, Nicole Priollaud, *C'est votre sexe qui fait la différence*, Plon, 2023. (Toutes les notes sont des autrices.)

comment la santé des femmes a été « oubliée », « négligée ». Et que, trop longtemps, la recherche a fait peu de cas des « maladies de femmes ». Pour l'endométriose et le fibrome par exemple, les scientifiques nous ont confié en être seulement au début de travaux d'importance, déplorant un retard si considérable ces dernières décennies qu'il jure avec ce XXᵉ siècle pourtant souvent présenté comme celui de l'avènement de la médecine moderne. Et quand l'écoute est absente, les conséquences, notamment sur le cœur, peuvent être fatales.

## Des médicaments conçus sans les femmes

Conseils pris, nous nous sommes plongées dans de fastidieuses et complexes (mais passionnantes !) études cliniques. Nous en avons épluché des dizaines, la plupart du temps rédigées par des auteurs américains qui se sont saisis de la question au cours de ces dernières années. Certaines méritent vraiment qu'on vous les résume, et pardonnez-nous d'avance pour les chiffres et les pourcentages qui vont vous être assénés dans les prochaines pages.

Leur constat est en effet pour le moins étonnant : les femmes représentent la moitié de l'humanité et ce sont elles qui consomment le plus de médicaments[1]. Pourtant, ces médicaments n'ont pas été conçus pour elles. Pire encore, lorsqu'elles en consomment, elles ont 50 % de plus de risques de souffrir d'effets indésirables que les hommes[2].

Comment expliquer ce curieux état de fait ? Dans la recherche clinique, pour concevoir des médicaments, il a longtemps été considéré que les femmes étaient des hommes comme les autres.

1. Drees, *La Santé des femmes en France*, La Documentation française, 2009.

2. Irving Zucker, Brian J. Prendergast, « Sex differences in pharmacokinetics predict adverse drug reactions in women », *Biology of Sex Differences*, juin 2020.

Ou plutôt que leur corps était une version plus petite du corps masculin. Quel besoin, dès lors, de les inclure dans les essais cliniques ? En 2009, les femmes ne représentaient encore que 38 % des personnes enrôlées dans les études cliniques aux États-Unis[1], principal pays au monde en termes de nombre d'essais réalisés. En 2021, les femmes restaient bien moins nombreuses à tester les médicaments contre les maladies cardiovasculaires, digestives, hépatiques, rénales, mentales, neurologiques, respiratoires, le diabète, le VIH et le cancer[2].

Enfin, même pour les « maladies de femmes » (bien que ce terme nous semble impropre), la recherche ne montre guère plus d'intérêt. Prenons l'exemple des complications obstétricales[3], qui touchent plus d'un tiers des femmes dans le monde. Une étude a dessiné le paysage complet des essais cliniques aux États-Unis de 2007 à 2020. Sur près de 332 500 essais, moins de 2 % étaient consacrés aux problématiques obstétricales. Et une grande partie de ces essais n'ont même pas été menés à leur terme !

Parfois, même, les choix scientifiques paraissent surprenants. Ainsi, lorsque des chercheurs américains ont souhaité étudier les effets de l'alcool sur l'Addyi, premier médicament commercialisé contre le manque de désir sexuel féminin, la molécule a été testée en phase I sur 2 femmes… et 23 hommes[4]. Régulièrement dans ce

1. Mélisa Mathilde Potterat *et al.*, « Les femmes, oubliées de la recherche clinique », *Revue médicale suisse*, n° 487, septembre 2015.

2. Jecca R. Steinberg *et al.*, « Analysis of female enrollment and participant sex by burden of disease in US clinical trials between 2000 and 2020 », *JAMA*, juin 2021.

3. Jecca R. Steinberg *et al.*, « The obstetrical research landscape : a cross-sectional analysis of clinical trials from 2007-2020 », *American Journal of Obstetrics and Gynecology*, octobre 2020.

4. D. M. Stevens *et al.*, « The pharmacodynamic effects of combined administration of flibanserin and alcohol », *Journal of Clinical Pharmacy and Therapeutics*, octobre 2017.

genre de cas, les promoteurs des études se justifient en expliquant qu'inclure des hommes est plus aisé, car leurs systèmes hormonaux sont plus… simples à étudier. On pourrait en rire. Ou pas. Il en est de même en amont, lors de la recherche biomédicale, c'est-à-dire la recherche menée sur des modèles animaux. Selon le rapport du Haut Conseil à l'égalité entre les femmes et les hommes (HCE) publié en 2020[1], les femelles sont en effet sous-représentées lors des expérimentations animales. En physiologie, neurosciences, endocrinologie et pharmacologie, les chercheurs préfèrent réaliser leurs expériences sur des mâles puisque les cycles hormonaux des femelles sont sujets à des variabilités plus importantes dans les paramètres physiologiques et les comportements. Cela ajoute de la complexité aux expériences menées.

## *Protéger les femmes*

Remontons à l'origine du problème. L'essor de l'industrie pharmaceutique a démarré dans les années 1950 et les essais cliniques se sont alors multipliés. Mais rapidement, deux scandales ont éclaté. Le premier concerne le thalidomide, un sédatif aux propriétés anti-nauséeuses, essentiellement prescrit aux femmes enceintes. Dès la fin des années 1950, en Europe et au Canada, ce médicament a provoqué de graves malformations sur des milliers de bébés. À la même époque, le distilbène, une hormone prescrite pour diminuer les risques de fausses couches, a lui aussi entraîné des anomalies génitales et des cancers du vagin et de l'utérus chez des filles qui y ont été exposées dans le ventre de leur mère.

1. HCE, *Prendre en compte le sexe et le genre pour mieux soigner : un enjeu de santé publique*, rapport n° 2020-11-04 Santé 45 voté le 4 novembre 2020.

Le traumatisme fut si grand dans la communauté médicale qu'en 1977 l'Agence du médicament américaine, la FDA (Food and Drug Administration), recommanda par prudence d'exclure les femmes en âge de procréer des essais cliniques. L'agence craignait que la toxicité potentielle du médicament testé n'altère le fœtus ou la capacité des femmes à procréer dans le futur. Les femmes furent donc exclues des deux premières phases d'essais cliniques, celle qui consiste à vérifier la sécurité du médicament (phase I) et celle qui évalue l'efficacité et la tolérance de la molécule ainsi que la dose nécessaire (phase II). Elles étaient en revanche bienvenues dans les essais de phase III, celle qui évalue l'intérêt thérapeutique du médicament sur un nombre bien plus élevé de personnes. Bienvenues, oui, mais à condition d'avoir déjà démontré que les bénéfices de ce médicament l'emportent sur les risques d'effets indésirables.

Avec de telles normes, le principe de précaution prévaut, certes. Mais dans les faits, il faut savoir aussi qu'une grossesse peut poser des problèmes d'assurances au promoteur d'un essai clinique dans le cas où l'enfant à naître présenterait des anomalies liées au médicament testé. Il s'agit donc là encore d'une affaire de responsabilité, et en définitive de gros sous.

Quoi qu'il en soit, cette règle a été très (trop) strictement suivie. Car, en fin de compte, les autorités ont supposé que toute femme était enceinte jusqu'à preuve du contraire. Et elles ont alors pratiquement toutes été exclues des essais, quelle que soit la phase, quels que soient leur âge, leur orientation sexuelle et leur souhait ou leur capacité d'avoir un enfant[1]. Les femmes célibataires : pas d'autorisation. Les femmes dont le mari a subi une vasectomie : pas d'autorisation non plus. Et les femmes

1. Mélisa Mathilde Potterat *et al.*, « Les femmes, oubliées de la recherche clinique », art. cit.

ménopausées ? Interdites d'essais aussi ! La recherche américaine étant la plus importante à l'époque, une très grande partie des médicaments encore utilisés aujourd'hui dans le monde ont été testés selon ces règles. Les résultats de ces tests sur les hommes ont été extrapolés à toutes les femmes.

Il arrive néanmoins qu'appliquer la règle à la lettre mène à des situations absurdes. « Lors de la pandémie, certaines équipes menant des essais sur des femmes atteintes de Covid-19 et soignées en service de réanimation n'ont pas obtenu d'autorisation pour leurs recherches, raconte Ariane Galaup-Paci, du Leem. Les scientifiques s'étaient pourtant assurés que ces patientes n'étaient pas enceintes au moment de leur admission en réanimation. Et ils pensaient que leur protocole suffisait. Or la réglementation exigeait en outre de réaliser un autre test de grossesse des semaines plus tard, alors que ces patientes étaient toujours intubées. » Ces recherches refusées à répétition, ce sont autant d'occasions manquées de comprendre le corps des femmes. En quelque sorte, elles sont devenues victimes de cette protection à outrance.

Heureusement, au fil des ans, des critiques formulées par des chercheurs et des médecins ont émergé, déplorant la sous-représentativité des femmes dans les essais cliniques. Des procès en paternalisme ont fusé à l'époque d'un féminisme de plus en plus conquérant. Exclure les femmes au motif de les protéger a finalement été jugé contre-productif. Si bien qu'en 1993 les autorités américaines ont fait machine arrière et adopté une nouvelle stratégie. Elle oblige les promoteurs des essais cliniques à inclure des femmes en âge de procréer, sous contraceptifs. La FDA a donc assoupli ses règles, les femmes pouvant à nouveau participer à des phases précoces d'essais. À partir de ce moment-là, la participation des femmes a augmenté. Lentement mais sûrement.

Quant à la France, nous avons eu beau chercher dans les textes de loi si des règles similaires sur la répartition hommes-femmes s'appliquaient, nous n'avons rien trouvé. « Contrairement aux États-Unis, chez nous, il n'existe pas d'obligation quant à l'inclusion des femmes, seulement des recommandations, à l'échelle européenne notamment », souligne Ariane Galaup-Paci, du Leem.

Les femmes enceintes restent, quant à elles, les grandes oubliées de la recherche. Mesdames, si vous avez été ou êtes enceintes, vous voyez tout à fait de quoi nous allons parler. Si vous ne l'avez jamais été (messieurs, notamment), vous allez percevoir l'envers du décor. Imaginons un banal mal de crâne. Le réflexe commun consiste généralement à prendre une aspirine, voire un paracétamol codéiné quand le mal de tête est particulièrement lancinant. Pas chez les femmes enceintes. Tout médicament ou presque leur est interdit. La liste du Vidal des traitements contre-indiqués aux femmes enceintes est tellement longue qu'en la lisant vous endormiriez votre bébé à naître pour les dix-huit prochaines années[1] !

Or les principaux médicaments de la pharmacopée ne sont pas forcément toxiques pour les femmes enceintes. Le problème est que, là encore, les connaissances manquent. Les femmes enceintes restent l'angle mort de la recherche en santé. Comme elles ont été exclues/protégées des essais cliniques depuis les scandales du thalidomide et du distilbène, on ne sait rien ou presque de la façon dont les médicaments agissent sur elles. Le passage en revue de 172 traitements approuvés aux États-Unis a conclu que pour 97,7 % d'entre eux aucune donnée ne permet d'évaluer le risque de malformation sur le fœtus[2].

1. https://www.vidal.fr/medicaments/utilisation/medicaments-grossesse/medicaments-contre-indiques-grossesse.html

2. HCE, *Prendre en compte le sexe et le genre pour mieux soigner : un enjeu de santé publique*, *op. cit.*

## *Trop d'hormones et pas assez de temps, il faut s'occuper des enfants !*

Nous l'avons compris, les femmes (enceintes ou non) ont été interdites d'essais cliniques pendant des décennies parce qu'il fallait protéger leur (futur) fœtus. Mais ce n'est pas la seule raison de leur sous-représentation : tout comme les femelles dans l'expérimentation animale, pour obtenir des résultats avec une tendance répétée et robuste (donc des résultats scientifiquement valides), l'échantillon initial de volontaires féminins doit être plus grand. Les hormones fluctuant dans le temps et d'une femme à une autre, la durée de l'étude doit alors être plus longue que pour les hommes ou les animaux mâles, et celle-ci est donc plus coûteuse pour les laboratoires.

À cette logique scientifique s'ajoute une problématique bien plus terre à terre : cantonnées depuis des siècles aux tâches domestiques, les femmes s'interdisent elles-mêmes de participer aux études, faute de temps.

La Néerlandaise Jeske van Diemen a compilé les données d'études américaines, canadiennes et d'une étude suédoise sur les motivations et les principaux obstacles qui empêchaient les femmes de collaborer à des essais sur le système cardiovasculaire[1]. Le premier obstacle, disent-elles, c'est le temps. Une partie des femmes interrogées déclare être dans l'impossibilité de s'engager assidûment dans un essai clinique car elles doivent s'occuper des enfants (cela ne vous surprendra pas).

Autre obstacle, leur frilosité. Sans vraiment l'expliquer, les femmes disent appréhender davantage que les hommes de tester un médicament expérimental et craignent les risques

1. Jeske Van Diemen *et al.*, « The importance of achieving sex- and gender-based equity in clinical trials : a call to action », *European Heart Journal*, août 2021.

pour leur santé si le médicament ne fonctionne pas, voire s'il est dangereux.

L'interdiction de tomber enceinte durant l'essai clinique constitue également un frein. Dans les essais portant sur le VIH en Afrique subsaharienne, les femmes parviennent difficilement à participer au protocole jusqu'au bout, expliquent plusieurs chercheurs sur le site militant vih.org. La santé de ces femmes s'améliorant grâce aux médicaments testés, apparaît alors souvent un désir de grossesse. Elles peuvent aussi faire l'objet d'une pression familiale ou sociétale pour tomber enceintes, ce qu'elles n'avaient pas anticipé au moment de l'inclusion dans l'essai. Car, dans certains pays africains, « avoir des enfants est perçu comme un signe extérieur de normalité », rappelle le site vih.org, d'autant que le risque de transmission du virus de la mère à l'enfant a été réduit de manière significative ces dernières années. Or, nous l'avons vu, dès lors qu'il y a grossesse, les femmes sont automatiquement exclues des essais cliniques.

Deux chercheuses, dont l'Américaine Jill Fischer, ont, elles aussi, demandé aux principales intéressées pourquoi elles hésitaient à rejoindre les essais cliniques[1]. Elles ont mené près de 200 entretiens pendant trois ans et, vous allez voir, les récits sont édifiants.

Il faut savoir qu'aux États-Unis participer en tant que volontaire en bonne santé à une étude précoce est presque un métier, en tout cas une source de revenus importante. Ces phases de test nécessitent parfois une hospitalisation de plusieurs jours ou plusieurs semaines, moyennant un dédommagement (qui s'apparente souvent pour les patients à une rémunération) substantiel de plusieurs milliers de dollars. Il y a toujours eu plus d'hommes.

1. Marci D. Cottingham, Jill A. Fisher, « Gendered logics of biomedical research : women in US phase I clinical trials », *Social Problems*, mai 2022.

Malgré tout, certaines femmes en ont fait ces dernières années une activité régulière.

Dans ces entretiens, les femmes évoquent d'abord un parcours de combattante pour être incluses dans des études de phase I, la difficulté principale étant de donner un maximum de garanties pour assurer qu'elles ne tomberont pas enceintes. On en revient toujours à la grossesse... Le témoignage de Bree, vieille routière des essais, est éclairant. Cette femme d'une trentaine d'années a déjà participé à dix études, qui lui ont rapporté en tout 60 000 dollars. Elle raconte être obligée à chaque fois de répondre à des questionnaires lui demandant si elle est enceinte ou susceptible de tomber enceinte. « Ils supposent toujours que vous pourriez tomber enceinte. Vous n'avez pas eu de relations sexuelles depuis des années ? Et alors [ça ne change rien pour eux]. »

Parce qu'elle n'était « jamais admissible » aux essais, Tammy, elle, a été radicale. La quadragénaire a subi une opération de stérilisation. Problème réglé, elle a pu participer depuis à des études très bien rémunérées, dont une sur les femmes stériles payée 6 000 dollars.

Le comble : Jackie raconte que, même ménopausées, les femmes volontaires doivent se soumettre avant puis pendant l'essai à... des tests de grossesse ! Avec humour, elle explique que certaines des femmes avec qui elle a participé à un protocole n'avaient plus leurs règles depuis une dizaine d'années et s'agaçaient de « devoir faire pipi dans une tasse à chaque fois qu'elles venaient ».

Enfin, cela pourrait paraître anecdotique mais c'est un frein, Becca témoigne aussi de la promiscuité. La santé des participants aux essais étant très étroitement surveillée, ils peuvent rester enfermés parfois jusqu'à plusieurs semaines dans des cliniques[1].

1. Nupur Jain, Marci D. Cottingham, Jill A. Fischer, « Disadvantaged, outnumbered, and discouraged : women's experiences as healthy volunteers in US phase I trials », *Crit Public Health*, octobre 2018.

Hommes et femmes dans le même dortoir, jour et nuit… « On avait une chambre ouverte, et il y avait au total 12 personnes. J'étais la seule fille. Vous le savez, c'est un peu gênant de rester dans une chambre avec, eh bien, 11 gars. » On comprend que les femmes n'aient pas spécialement envie de rééditer l'expérience.

## *Femmes et effets secondaires*

Cette sous-représentativité des femmes dans les essais cliniques engendre de nombreuses conséquences. En 2019, des chercheurs ont ainsi étudié en détail la base de données Vigibase, tenue par l'Organisation mondiale de la santé, qui recense les effets secondaires des médicaments[1]. Selon leurs conclusions, depuis 1967, ces effets secondaires concernaient majoritairement des femmes car les dosages étant testés sur les hommes, la plupart des médicaments sont inadaptés à la biologie des femmes. Pour le prouver, Irving Zucker, professeur de biologie intégrative à l'université de Californie à Berkeley, a travaillé ces dernières années sur l'effet des médicaments sur le corps féminin.

Un de ses articles, paru en 2020 dans la revue *Biology of Sex Differences*, rédigé avec le psychologue Brian Prendergast, fait désormais référence[2]. Les deux chercheurs ont analysé plusieurs milliers d'articles publiés dans des revues médicales, en se concentrant sur 86 médicaments approuvés aux États-Unis, des antidépresseurs aux analgésiques en passant par des anti-épileptiques et des médicaments pour traiter les maladies cardiovasculaires.

1. Sarah Watson *et al.*, « Reported adverse drug reactions in women and men : aggregated evidence from globally collected individual case reports during half a century », *EClinicalMedicine*, octobre 2019.
2. Irving Zucker, Brian J. Prendergast, « Sex differences in pharmacokinetics predict adverse drug reactions in women », art. cit.

À chaque fois, lors des tests, les femmes avaient reçu la même dose de médicament que les hommes. Et pourtant, dans plus de 90 % des cas, les femmes ont dit ressentir davantage d'effets secondaires graves tels que nausées, maux de tête, convulsions, dépression et anomalies cardiaques pouvant les amener à être hospitalisées. Elles subissaient deux fois plus souvent ces effets indésirables que les hommes.

Nous vous évitons la fastidieuse démonstration de Zucker et Prendergast sur la pharmacocinétique, un terme barbare mais pourtant essentiel. La pharmacocinétique décrit la façon dont le corps réagit au médicament : comment il l'absorbe, le distribue, le métabolise et l'élimine. Tout cela, indépendamment de la morphologie, du poids, de la taille et du mode de vie du patient. Les deux chercheurs américains ont ainsi démontré que les femmes assimilent plus vite les médicaments, mais les éliminent plus lentement. Par exemple, la molécule anticoagulante lépirudine est détectable dans la circulation sanguine jusqu'à quarante-huit heures chez les femmes, contre seulement deux heures chez les hommes. En conséquence, le risque de saignement est augmenté chez les femmes. Même chose, vous l'avez compris, pour les doses de vaccins que l'on évoquait au début de cet ouvrage.

Autre cas d'école, le somnifère zolpidem (commercialisé en France sous le nom de Stilnox) a fait couler beaucoup d'encre. En 2013, un chercheur américain, David Greenblatt, prouve que cette molécule reste deux fois plus longtemps dans le sang des femmes et provoque ainsi des risques de somnolence[1]. Les femmes somnolent encore le lendemain matin au réveil et souffrent d'une déficience cognitive. De quoi expliquer plusieurs centaines

1. David J. Greenblatt *et al.*, « Gender differences in pharmacokinetics and pharmacodynamics of zolpidem following sublingual administration », *The Journal of Clinical Pharmacology*, novembre 2013.

d'accidents de la route mettant en cause des patientes. La FDA décide par conséquent de réduire la posologie, recommandant aux médecins de prescrire une demi-dose pour les femmes. Aujourd'hui, il existe donc du zolpidem en comprimés bleus (!) pour les hommes, et roses (!) pour les femmes.

Irving et Prendergast considèrent qu'avec les dosages standards les femmes sont donc... surmédicamentées. C'est ce qui favorise l'apparition d'effets indésirables. En quelque sorte, avec des « doses de cheval », il est normal de ressentir des effets secondaires.

Les molécules agissent donc différemment chez l'homme et chez la femme. Pire, elles peuvent être bénéfiques pour l'un et dangereuses pour l'autre. C'est le cas de la digoxine, destinée à traiter l'insuffisance cardiaque. À l'origine, les essais, menés sur un groupe composé à 80 % d'hommes, ont montré que la prise de digoxine réduisait le nombre d'hospitalisations. Banco ! Le médicament a alors été approuvé en Europe et aux États-Unis. Plus tard, des chercheurs ont réexaminé ces résultats en séparant les sexes[1]. La molécule réduisait bien les hospitalisations chez les hommes. Mais chez les femmes, catastrophe ! Avec la digoxine, elles décédaient davantage que si on leur avait administré un placebo...

À l'inverse, un vaccin a été développé contre l'herpès au début des années 2000. Lors des essais cliniques, les chercheurs ont découvert une différence de taille. Le vaccin était inefficace chez les hommes, mais protégeait 73 % des femmes. Le projet a été abandonné. Développer le produit pour seulement la moitié de la population a été jugé trop coûteux. Tant pis pour les femmes.

1. Saif S. Rathore *et al.*, « Sex-based differences in the effect of digoxin for the treatment of heart failure », *New England Journal of Medicine*, 2002.

## *Heureusement, on progresse !*

Depuis 1993, aux États-Unis, la loi oblige, on l'a vu, les chercheurs et les laboratoires pharmaceutiques à inclure les femmes dans les essais cliniques. Le Bureau public de la recherche sur la santé des femmes (ORWH), garant de la place des femmes dans la recherche clinique américaine, note ainsi que celles-ci sont désormais constamment majoritaires dans les essais de phase III.

Et comme les États-Unis sont l'alpha et l'oméga de la recherche en santé, les autres pays ont suivi. En France également, les femmes sont de plus en plus un sujet d'étude. Selon le registre européen des essais cliniques, sur 4 000 essais en cours en 2019, 88 % incluaient des femmes[1].

Les dernières statistiques du registre international des essais cliniques tenu par les National Institutes of Health américains et datant de 2023 sont encourageantes : pour les principales pathologies, les essais cliniques incluent au moins 50 % de femmes. La parité n'est toutefois pas encore de mise pour la recherche sur le cancer et les maladies cardiaques. Autre bémol de taille, les femmes ne participent pas autant que les hommes aux tests sur des techniques innovantes, comme la radiothérapie, l'immunothérapie et la thérapie génique[2].

En outre, les femmes restent largement sous-représentées dans un domaine, celui de la phase I des essais cliniques (il y en a trois, rappelons-le), celle destinée à étudier sur des volontaires sains la sécurité du produit. En France, les femmes ne représentent que 22 % des participants à cette phase précoce de test, selon l'ANSM,

1. CHE, *Prendre en compte le sexe et le genre pour mieux soigner : un enjeu de santé publique*, *op. cit.*

2. National Institutes of Health, *RCDC Inclusion Statistics Report (RISR)*, 2023.

l'Agence nationale de sécurité du médicament[1], tandis qu'elles représentent 43 % des volontaires en phase I et 45 % des participants en phases II et I/II aux États-Unis[2].

Pour Irving Zucker – toujours lui –, c'est dommageable. Car « les études de phase précoce sont l'endroit où nous apprenons comment le médicament fonctionne dans le corps, donc il serait important d'inclure les femmes le plus tôt possible dans le processus de développement du médicament[3] ». C'est aussi lors des phases précoces que sont déterminées les doses idéales d'un médicament. Suivez la logique : si les femmes n'y participent pas (ou peu), les doses sont inadaptées. Ce biais se répercute dans toutes les phases de développement du médicament et, en bout de chaîne, une fois qu'il sera commercialisé, les femmes seront davantage victimes d'effets secondaires. CQFD.

Rassurons-nous, il est donc possible de tester des médicaments sur des femmes, même des femmes enceintes, et les choses changent dans ce domaine. Mais les femmes méritent que cet effort porte aussi sur la recherche fondamentale, qui précède les essais cliniques sur les êtres humains. Car en la matière, beaucoup de « maladies de femmes » font encore l'objet d'un sous-financement.

1. Catherine Vidal, Muriel Salle, *Femmes et santé, encore une affaire d'hommes ?*, Belin, 2017.
2. Jecca R. Steinberg *et al.*, « Analysis of female enrollment and participant sex by burden of disease in US clinical trials between 2000 and 2020 », art. cit.
3. Irving Zucker, Brian J. Prendergast, « Sex differences in pharmacokinetics predict adverse drug reactions in women », art. cit.

# Marilyn et les autres...

Imaginez. Vous possédez un coupé break flambant neuf (attention, cela n'a rien à voir avec le type de voiture : vous pouvez rencontrer le même problème avec une 2 CV, un bolide Rolls-Royce ou un 4×4), qui, un jour, cesse de fonctionner tout à fait correctement. D'abord, ce sont les essuie-glaces qui raclent sur le pare-brise. Puis un étrange bruit de moteur qui vous met la puce à l'oreille. Enfin, le voyant d'huile se met à clignoter. L'inquiétude vous amène à vous rendre chez votre garagiste habituel, celui qui s'occupe de votre voiture depuis que cette dernière a franchi les portes de l'usine. Il scrute le véhicule, l'air à moitié intéressé, vous demande si vous avez fait quelque chose de particulier, du genre emprunter des chemins de campagne complètement inondés ou faire des courses de vitesse la nuit sur des parkings de supermarché. Puis il vous annonce que c'est un problème de pot d'échappement (cela tombe bien, il en a un, du même modèle, justement sous la main).

Vous repartez chez vous avec votre nouveau pot d'échappement. Mais les problèmes subsistent. Les essuie-glaces, le bruit du moteur, l'huile... Vous allez donc voir un autre garagiste, qu'un ami vous a chaudement recommandé. Lui a l'air à l'écoute, tâte les pneus, touche les essuie-glaces, regarde dans le rétroviseur. Puis il vous assène : « Il faut changer les pneus. » Cela tombe bien, il en a quatre en stock. Au cas où cela ne suffirait pas, il vous indique également un régime à base de cannabidiol (le nom savant du CBD) qui, avec quelques séances de véhiculothérapie (votre voiture a des soucis psychiques), devraient remettre les choses sur les rails (ou plutôt sur la route).

Vous essayez ce nouveau régime. La nouvelle essence convient, si ce n'est que chaque fois que vous conduisez vous avez l'impression de planer. Mais les essuie-glaces grattent toujours autant, et le bruit de moteur devient assourdissant. Décidément, votre véhicule n'est pas dans sa plus belle forme.

Cette fois-ci, vous allez voir un vrai spécialiste. Le seul assermenté dans tout le département pour votre type de véhicule, avec un diplôme « bruits de moteur suspects » et une spécialisation « essuie-glaces en berne ». Cela vous coûte un peu d'argent, et il vous faut attendre cinq mois votre rendez-vous (et encore, parce que vous avez choisi l'option « consultation privée », qui vous donne un coupe-file par rapport aux véhicules sans le sou).

Le jour arrive, et vous entrez dans le garage l'espoir chevillé au corps, avec la ferme intention de redonner toutes ses chances à votre coupé. Le spécialiste ausculte la voiture, lui fait passer des tests, utilise l'imagerie médicale. Il a trouvé : votre voiture souffre de véhiculométriose. « Il va falloir ôter le moteur », dit-il tandis que vous ressortez du garage. Le problème a enfin trouvé sa solution. Un sentiment de soulagement mêlé de stupeur – le diagnostic est un peu abrupt et radical – vous envahit à la sortie du garage.

Cette introduction peut sembler longue, voire indigeste. C'est à dessein. Car souffrir d'endométriose, c'est pénétrer dans un monde où l'on multiplie les rendez-vous avec des soignants pas toujours renseignés sur l'historique de votre suivi médical, pas toujours disposés à vous écouter, ou qui peuvent vous asséner des solutions qui ne sont pas adaptées. Le tout prend longtemps, bien plus longtemps que la lecture de ces quelques lignes d'introduction. Avec parfois des incursions du côté du bizarre. Car l'endométriose reste mal connue et mal soignée. Et l'ignorance continue de faire des ravages, y compris sur les patientes qui, en l'absence de traitement, seraient parfois prêtes à tout pour retrouver une vie plus douce.

Pourquoi démarrer par cette pathologie ? Il nous a semblé qu'elle constituait le symbole parfait de tout ce qui a longtemps dysfonctionné dans la prise en compte de la santé des femmes. Sous-diagnostiquée, sous-financée, cette maladie touche nombre de femmes et peut prendre des formes sévères. Pourtant, elle est évoquée dans l'espace public depuis seulement quelques années, et pas encore assez. Nous vous encourageons d'ailleurs à faire le test vous-mêmes, et à lâcher le mot « endométriose » dans une assemblée mixte. Il y a fort à parier qu'au moins une personne autour de la table ne saura pas de quoi vous parlez. Nous avons répété l'expérience, et les contre-exemples sont rares…

## *Carte d'identité*

Mais de quoi parle-t-on exactement ? Selon la pensée commune, l'endométriose est caractérisée par des règles très douloureuses.

Dans de nombreux médias, c'est en effet ainsi qu'est présentée la maladie. Pas étonnant, dès lors, que le message passe mal.

En réalité, l'endométriose est extrêmement diverse, et l'étendue des dommages dépasse de loin cette seule période du mois. Selon les estimations, 10 à 20 % des femmes menstruées seraient concernées. C'est une pathologie hormono-dépendante, car elle évolue en fonction des taux d'hormones, les lésions progressant avec le taux d'œstrogènes durant la première partie du cycle, avant l'ovulation. Prenons la définition donnée par l'OMS :

« La maladie se caractérise par le développement de tissu semblable à la muqueuse utérine en dehors de l'utérus. Cela entraîne une inflammation et la formation de tissu cicatriciel dans la région pelvienne et (rarement) dans d'autres parties du corps. »

Il existe plusieurs types de lésions : celles de l'endométriose dites superficielles, qui sont localisées dans le péritoine pelvien. Petit rappel pour celles et ceux qui ont oublié leurs leçons de biologie, le péritoine est cette membrane qui enveloppe et maintient les organes de la cavité abdominale : le foie, la vésicule biliaire, le pancréas, la rate, l'estomac, le tube digestif, l'intestin grêle, le côlon, et l'utérus et les ovaires dans le cas qui nous intéresse.

Dans le cas d'une endométriose dite profonde, les lésions peuvent être localisées dans la vessie, le rectum, ou dans le septum recto-vaginal, une petite zone entre le vagin et le rectum.

Mais l'endométriose aime multiplier les surprises, et parfois les lésions vont quitter le bassin et se retrouver par exemple dans la région thoracique, au niveau du diaphragme ou encore des poumons… Générant, même si cela reste rare, des pneumothorax, ou encore une accumulation de sang dans la cavité pleurale (hémothorax). Voire se logeant tout près du cœur, dans le péricarde, sac élastique qui enveloppe le cœur, une situation toutefois exceptionnelle.

Nous avons contacté la D^re^ Marie Carbonnel, gynécologue obstétricienne, spécialisée dans l'endométriose à l'hôpital Foch, en région parisienne. « Les symptômes ne dépendent pas de la taille ou du nombre de lésions. On peut ainsi avoir des patientes avec beaucoup de lésions mais pas de symptômes, et à l'inverse des patientes avec peu de lésions mais avec une forte symptomatologie », explique-t-elle. Certes, de façon générale, plus une patiente a de lésions, plus elle risque de présenter des symptômes, reconnaît la spécialiste. « Mais pas toujours : il suffit que l'endométriose soit située sur un nerf pour que cela entraîne davantage de problèmes. »

À la clé, des règles douloureuses donc, mais aussi des mictions douloureuses, des douleurs abdominales, des dyspareunies profondes (douleurs ressenties durant et/ou après les rapports sexuels) et, dans 30 % des cas, des troubles de la fertilité.

Nous avons également pris contact avec Marina Kvaskoff, épidémiologiste et chargée de recherche à l'Inserm (Institut national de la santé et de la recherche médicale). Durant notre enquête, nous avons souvent rencontré son nom : la D^re^ Kvaskoff dirige en effet un groupe de recherche en santé publique sur l'endométriose et la santé des femmes et fait référence dans le domaine. « Les femmes peuvent avoir certains symptômes communs, comme la dysménorrhée [règles douloureuses], qui est le plus fréquent, mais selon la localisation des lésions il peut y avoir des douleurs abdominales..., et dans le cas de douleurs neuropathiques certaines patientes peuvent avoir mal jusque dans les jambes. » D'où la difficulté à traiter. « Certaines personnes répondent aux traitements et pas d'autres, et nous n'avons pas encore pu déterminer sur quels critères. »

En général, la maladie va apparaître chez les femmes âgées de 20 à 30 ans, mais dans certains cas elle peut frapper beaucoup plus tôt, dès les premières règles. Or, de cette grande variabilité naissent fort logiquement des difficultés de diagnostic, d'autant plus que durant des siècles la maladie a été éludée par le corps médical. À tel point qu'il pourrait être opportun de revisiter d'illustres biographies en fonction des nouvelles connaissances. Ainsi, Marilyn Monroe, vedette planétaire absolue, star de Hollywood morte en 1962 d'un surdosage de barbituriques, aurait souffert d'endométriose sévère, selon son biographe Anthony Summers[1]. À une époque où il n'existait aucun traitement, la jeune femme aurait eu recours à des analgésiques de plus en plus puissants pour faire face à la douleur.

Depuis, « il y a eu énormément de progrès, avec une bonne médiatisation de la maladie et de moins en moins d'errance diagnostic », souligne la D^re^ Marie Carbonnel. Désormais, des vedettes parlent publiquement de la pathologie, en particulier aux États-Unis. C'est ainsi que Lena Durham[2], actrice, productrice et réalisatrice américaine connue en particulier pour la série à succès *Girls*, a rendu public son combat contre la maladie dans un post publié fin 2017 sur son blog féministe. Ou bien, dans un genre différent, Daisy Ridley, l'interprète de Rey dans l'univers *Star Wars*, a raconté lors de nombreuses interviews les souffrances quotidiennes endurées à cause de l'endométriose. Et malheureusement pour elle, les sabres laser ne lui sont là d'aucune aide.

1. Biographie parue en 1985 (et rééditée de nombreuses fois depuis) sous le titre *Goddess, The Secret Lives of Marilyn Monroe*. Traduction française : *Les Vies secrètes de Marilyn Monroe*, Presses de la Renaissance, 1986.

2. https://www.lennyletter.com/story/lena-dunham-opens-up-about-her-endometriosis

## *Un diagnostic complexe et une douleur sous-évaluée*

Il était temps... La médiatisation récente va probablement permettre une meilleure prise en charge des patientes, à commencer par le diagnostic, le nœud du problème : tant que celui-ci n'est pas posé, les malades ne peuvent pas être correctement traitées. Pourtant, cette question est loin d'être simple. D'une part, les femmes ont appris qu'il était normal d'éprouver des douleurs durant leurs règles. Or, qu'est-ce qu'une douleur normale de règles lorsque l'on est une jeune fille et que l'on n'a aucune idée de ce qui est normal ? Est-il même normal d'avoir des douleurs durant ses règles ?

La question de la douleur chez les femmes est, même en dehors des règles, largement sous-évaluée, et il faut ici s'arrêter quelques instants sur ce point non négligeable.

On l'admet de plus en plus : le sexe interfère avec la douleur. À titre d'exemple, en France, selon l'étude Stopnet, une enquête de référence sur le sujet datant de 2004, 31,7 % de la population française souffre de douleur chronique et de douleurs neuropathiques. Or, la prévalence de la douleur chronique est significativement plus élevée chez les femmes : 35 %, contre 28,2 % chez les hommes.

Des facteurs sociaux entrent en jeu, les femmes ayant plus recours aux services de soins, et donc pouvant davantage exprimer leur douleur. Mais il existe aussi des causes biologiques, dont le rôle joué par les hormones. « Les œstrogènes augmenteraient la sensibilité des femmes à la douleur – définie comme le seuil d'intensité minimale d'un stimulus perçu comme douloureux – tandis que la testostérone, présente en plus grande quantité chez les hommes, diminuerait cette sensibilité », souligne l'Inserm[1].

1. « Douleur : la sensibilité dépend du sexe », *Magazine de l'Inserm*, mai 2022.

L'institut reste très prudent sur cette question et note en particulier la difficulté d'appréhender le phénomène à partir d'études aux méthodologies difficilement comparables.

Histoire de corser les choses, votre douleur risque fort d'être sous-estimée si vous êtes une femme. Prenons un article publié en 2021 par le magazine de l'association américaine d'étude de la douleur[1]. Les chercheurs ont mené des expériences sur la façon dont une cohorte de personnes évaluait la douleur de patients, en fonction du sexe de ces patients. Dans la première expérience, les personnes interrogées devaient regarder des vidéos de patients consultant un médecin pour des douleurs chroniques à l'épaule.

Dans ce cas de figure, les personnes interrogées sous-estimaient la douleur des patientes par rapport à celle des patients. Lors d'une deuxième expérience, il est apparu que les stéréotypes chez les personnes interrogées étaient en cause. Cela jouait également sur la façon d'envisager les traitements, puisque les personnes interrogées ayant des idées préconçues sur le niveau de douleur des femmes jugeaient que les patientes tireraient davantage profit d'une psychothérapie, tandis que la prescription aux patients masculins de médicaments contre la douleur était plus automatique et moins remise en cause. En termes encore plus clairs et moins scientifiques : lorsque l'on est persuadé que les femmes s'écoutent trop, on a tendance à moins les croire, et à leur prescrire davantage de médicaments pour traiter de supposés troubles mentaux. Hystérie, quand tu nous tiens…

Une fois ce point posé, revenons au diagnostic de l'endométriose. S'il est si difficile à établir, c'est entre autres qu'il

1. Lanlan Zhang *et al*, « Gender biases in estimation of others' pain », *The Journal of Pain*, septembre 2021.

faut multiplier les examens. Mais « à l'échographie, on peut passer à côté, il faut des échographistes spécialisés ou une IRM pelvienne, et des radiologues qui y sont sensibilisés », souligne la gynécologue Marie Carbonnel.

Globalement, le diagnostic arrive donc souvent après des années d'errance. Si nous nous attachons à l'endométriose, c'est d'abord parce que cette pathologie est un exemple emblématique de la négligence associée à la santé des femmes, mais aussi parce que l'une de nous, Marie-Morgane, en souffre et a vécu de l'intérieur l'absence de réponse appropriée.

Dans mon cas, les douleurs sont apparues après l'arrêt de vingt ans de contraception orale et après la naissance de mon enfant. Alors qu'une impression de pesanteur dans le bassin commence à plomber mon quotidien, je me rends chez un urologue, qui me donne un traitement pour vessie hyperactive. Au bout de quelques semaines, n'observant aucun effet du traitement et ne comprenant pas, de toute façon, ce qui pourrait expliquer l'émergence de cette hyperactivité juste après ma grossesse, je prends l'avis d'un second urologue. Ce dernier me fait passer toutes sortes d'examens. Conclusion : ma vessie va parfaitement bien, me dit-il ; me voilà rassurée sur ce point. En revanche, le spécialiste a le nez fin et me prescrit une IRM. Il apparaît alors que je souffre d'endométriose, plus particulièrement d'adénomyose, une forme d'endométriose dans le muscle utérin, qui provoque des douleurs parfois intenses.

Le gynécologue qui me suit habituellement, pourtant, ne semble pas convaincu. C'est un ponte dans sa matière, et les consultations dans son cabinet cossu du 16e arrondissement de Paris coûtent plus de 100 euros, mais l'endométriose n'est pas son fort. Il m'affirme, absolument sûr de lui, qu'en aucun cas l'endométriose ne peut avoir d'effet sur ma vessie. Il faudra encore de longs mois et de nombreuses consultations auprès de divers spécialistes pour que le diagnostic de l'endométriose soit enfin confirmé et que je bénéficie de soins adaptés.

Le cas de Marie-Morgane n'en est qu'un parmi d'autres, et certainement pas le plus douloureux. Pour Priscilla Saracco, patiente experte et directrice générale de l'association Endomind France – créée en 2014 pour représenter les patientes souffrant d'endométriose –, les douleurs sont arrivées très tôt et le diagnostic a pris des allures de parcours du combattant. « J'ai eu de grosses crises lors des premières règles, et mes premiers rapports sexuels ont été très douloureux », nous raconte-t-elle lorsque nous la contactons alors qu'elle fait le tour du monde. Priscilla Saracco est à ce moment-là en Nouvelle-Zélande, mais la cause qu'elle défend lui tient à cœur, et elle n'hésite pas à interrompre son périple pour s'entretenir sans frein avec nous.

À cette époque, dans les années 2010, elle n'est pas écoutée par les professionnels de santé, qui lui disent : « C'est dans votre tête, détendez-vous. » « Même ma mère, au début, me tenait ce discours, elle ne savait pas qu'il y avait une maladie liée à ces douleurs. » À l'âge de 21 ans, la jeune femme s'adresse à un urologue, qui la redirige vers un gynécologue. Elle se voit prescrire un progestatif en continu pour arrêter ses règles, mais cela ne fonctionne qu'en partie.

Lors d'un stage à l'étranger, elle reçoit un premier diagnostic d'adénomyose. Puis elle réalise une IRM en France, et des médecins lui affirment qu'elle ne souffre pas de cette pathologie. « Je pensais enfin comprendre d'où venaient mes troubles urinaires, digestifs… Puis on me dit que je n'ai rien : j'ai fini par penser que j'étais hypocondriaque, que je devenais folle. »

En l'occurrence, ces médecins se sont trompés. L'endométriose sera d'ailleurs bien confirmée un peu plus tard. Priscilla est opérée en 2017 pour ses lésions. Ça n'est toutefois pas le bout du tunnel, car l'endométriose peut avoir un effet sur le système nerveux : chez Priscilla, les douleurs se sont installées au fil du temps et elles ne cèdent pas malgré la chirurgie.

À 24 ans, la jeune femme se retrouve en invalidité alors qu'elle termine son master. « La maladie a changé toute ma vie et toutes mes idées de carrière », raconte-t-elle. Dans son cas, la prise en charge a nécessité ostéopathie et séances de kiné, une hygiène de vie irréprochable, des consultations chez le sexologue. Après s'être vu poser un neuro-modulateur médullaire, une électrode dans la moelle épinière, Priscilla a enfin pu retrouver une meilleure qualité de vie. Mais au prix d'un combat acharné, comme c'est le lot de beaucoup d'autres femmes.

Une étude publiée par le cabinet McKinsey est à ce propos édifiante. Elle souligne qu'aux États-Unis six femmes sur dix souffrant d'endométriose ne sont pas diagnostiquées. Six femmes sur dix, soit plus de la moitié de la population féminine touchée. À titre de comparaison, trois hommes sur dix affectés par une dysfonction érectile échappent au diagnostic médical. En résumé, mieux vaut parfois avoir le pénis en berne que l'utérus en carafe[1]…

1. Delaney Burns *et al.*, *Closing the Data Gaps in Women's Health*, McKinsey & Company, avril 2023.

*Maladie mystérieuse*

Le problème, c'est qu'il n'existe à ce stade pas de médicament pour guérir de la maladie elle-même et la faire disparaître. Les seuls traitements consistent donc à s'attaquer aux symptômes. Pour une raison somme toute assez logique : l'endométriose demeure une maladie mystérieuse. « On ne sait pas vraiment la guérir, car on n'a toujours pas compris la physiopathologie de la maladie », souligne la Dre Marie Carbonnel.

Selon la littérature médicale, l'endométriose pourrait être causée par des fragments d'endomètre qui remontent dans le pelvis, de façon rétrograde, pour se fixer en dehors de la cavité utérine, sur d'autres organes[1]. Toutefois, il a été remarqué que, même chez des femmes ne souffrant pas d'endométriose, cette migration de cellules de l'endomètre a lieu.

Parmi les hypothèses sur lesquelles les chercheurs s'accordent, il semble que la maladie réponde à quelques facteurs. Elle pourrait être causée par des problèmes mécaniques qui peuvent obstruer l'appareil génital. L'importance des gènes n'est pas à négliger, puisqu'il existe des prédispositions familiales. Sans oublier une réponse immunitaire et inflammatoire inadéquate de l'organisme, entraînant le développement des lésions[2].

La chercheuse Marina Kvaskoff évoque le possible impact des perturbateurs endocriniens mais, pour le moment, il manque encore des études pour mieux décrire ce lien. « Peu de facteurs de risques ont été identifiés dans les études épidémiologiques. Il y a beaucoup de complexités méthodologiques, car c'est une maladie associée à un délai de diagnostic important, qui est mal diagnostiquée, et il y a des personnes potentiellement atteintes

1. www.ameli.fr
2. *Ibid.*

dans les populations témoins, c'est-à-dire que le groupe de comparaison n'est pas entièrement "pur". » En bref, la recherche en est encore à ses balbutiements…

Il y a dans tous les cas un besoin de changer le paradigme de cette pathologie, qui reste considérée comme une maladie de l'utérus uniquement, souligne Valérie Desplanches, la présidente de la Fondation pour la recherche sur l'endométriose, qui a vu le jour en 2021 en France. « La maladie a des mécanismes inflammatoires mais également des mécanismes liés à la neurophysiologie, pour la douleur, et bien d'autres, décrit-elle. Le sujet doit être pris dans sa globalité et étudié avec des experts d'autres spécialités. »

### *Pas de médicament miracle*

Or, lorsqu'une maladie n'est pas bien connue, il est difficile de mettre au point des traitements. C'est un cercle vicieux : le manque de données a un impact sur la recherche, et le manque de recherche a un impact sur le développement de solutions.

Les principaux traitements sont hormonaux, et consistent à arrêter les règles des femmes. Prise en continu, la pilule peut combiner œstrogènes et progestérone, ou contenir seulement de la progestérone, une option plus efficace sur les douleurs, mais qui présente davantage d'effets secondaires. Il existe aussi un stérilet, recouvert d'un progestatif, qui réduit significativement les menstruations et les douleurs associées à l'endométriose. Toutefois, chez des patientes jeunes, plus hostiles que leurs aînées aux hormones de synthèse et plus demandeuses de « solutions naturelles », la question d'une contraception n'est pas une mince affaire.

Lorsque ces traitements ne sont pas suffisants, les patientes peuvent bénéficier d'injections de divers médicaments hormonaux qui vont les placer en ménopause artificielle quelques mois afin de les soulager. Mais il s'agit là de traitements d'appoint, qui ne sont pas administrés sur le long terme.

Ce n'est pas tout. Lorsque les antalgiques et les traitements hormonaux ne fonctionnent plus ou pas assez, la chirurgie peut être proposée pour enlever les lésions. Avec plus ou moins d'effet sur les douleurs ressenties, qui peuvent perdurer même une fois la lésion ôtée, comme cela a été le cas pour Priscilla Saracco.

Pour les patientes qui n'ont plus de désir de grossesse, une ablation de l'utérus peut être proposée, après 45 ans. Cette chirurgie ne concerne toutefois qu'une part infime des patientes, 1 % environ, selon les spécialistes. L'hystérectomie soulage en particulier les patientes atteintes d'adénomyose. Toutefois, le recours à cette chirurgie est de moins en moins préconisé, comme le rapporte le Dr Thomas de Lapparent, chirurgien gynécologue à l'hôpital Nord Franche-Comté. « Auparavant, la pratique des médecins était plutôt prochirurgicale, nous dit-il au téléphone. Désormais, la chirurgie vient tout à la fin, en cas d'échec de tous les traitements médicamenteux. Même la chirurgie ne va pas garantir que tout sera réglé : certes, on peut ôter les lésions, mais la chirurgie provoque aussi des dégâts en recréant une inflammation. Il s'agit de zones hypersensibles et, quand on agit dessus, cela n'arrange pas forcément les choses. »

Enfin, de plus en plus, des traitements de type stimulation électrique peuvent être envisagés, souvent avec succès. Et, bonne nouvelle, quand les femmes sont ménopausées, dans la plus grande partie des cas, l'endométriose n'entraîne plus de symptômes. Hello, bouffées de chaleur, adieu, douleurs !

## *Et la recherche, bordel ?*

Le fait que cette maladie ne soit pas mieux comprise à ce jour laisse songeur lorsque l'on voit les progrès immenses réalisés ces deux dernières décennies dans le domaine du cancer, maladie complexe s'il en est. Désormais, des milliers d'essais cliniques ont lieu à travers le monde pour trouver des médicaments innovants face aux tumeurs, tandis que la recherche décrypte la genèse des phénomènes tumoraux. On sait aujourd'hui définir quel médicament sera approprié à quel patient, dans le cadre d'une médecine de plus en plus personnalisée. On parvient à transformer en laboratoire des cellules immunitaires de patients avant de les leur réimplanter pour qu'elles aillent attaquer directement les cellules cancéreuses. Les laboratoires du monde entier mènent une compétition effrénée, dépensant des milliards de dollars dans ce secteur, et qui pourrait s'en plaindre ? Toutefois, en ce qui concerne l'endométriose – une maladie qui n'est certes pas mortelle mais qui peut faire des ravages –, la panoplie de solutions est infiniment moins large.

Tous les spécialistes que nous avons interrogés s'accordent sur ce point : le nœud du problème est la recherche. Car, pour soigner la pathologie, il faut d'abord mieux la comprendre. « Grâce à la médiatisation, on sait désormais repérer la maladie, et les patientes sont mieux orientées. Mais on attend le traitement qui ne sera pas juste symptomatique », explique ainsi la Dre Marie Carbonnel.

Il faut donc des équipes dédiées, des financements importants, et une volonté politique marquée.

C'est là que le bât blesse, et les chiffres en la matière sont frappants. Selon un article du cabinet McKinsey paru en février 2022[1], seuls 1 % des financements consacrés à la recherche et à l'innovation en santé au niveau mondial vont à la santé des femmes. Si l'on rajoute la recherche pour les cancers féminins, cela représente 5 % au total.

« Il n'y a quasiment pas de crédits pour la recherche sur l'endométriose, déplore Valérie Desplanches. Les chercheurs passent la moitié de leur temps à chercher des financements, donc, là où il n'y a pas de financement, un chercheur n'ira pas. » La Fondation pour la recherche sur l'endométriose (FRE) a été créée justement pour tenter d'accélérer le mouvement.

« Aucun chercheur ne travaille à 100 % sur le sujet en France. Il n'y a pas d'équipe dédiée. On s'aperçoit en outre qu'il n'y a pas de lien avec les disciplines connexes. Or la maladie a des mécanismes d'inflammation, de neurophysiologie : il faut d'autres expertises que la seule expertise gynécologique. Tant que tous les mécanismes en cause ne seront pas élucidés, il n'y aura pas de cible thérapeutique pour de potentiels médicaments », ajoute la présidente de la FRE.

Marina Kvaskoff abonde dans son sens : « C'est une maladie complexe à étudier, il n'y a pas de modèle animal adéquat, on travaille principalement sur des souris femelles, mais elles n'ont pas de menstruations, donc ce sont des modèles bricolés, en quelque sorte. On va finir par y arriver. On va finir par expliquer ces complexités », lance-t-elle, enthousiaste. Mais pour cela, il faut des financements, martèle-t-elle : « Pour que l'on puisse, comme pour le cancer, avoir des données très fines sur ce qui se passe au niveau moléculaire, au niveau cellulaire. » La chercheuse raconte

1. Emma Kemble *et al.*, *Unlocking opportunities in women's healthcare*, McKinsey & Company, février 2022.

d'ailleurs à ce propos une anecdote qui nous a laissées pantoises : « Quand je travaillais sur le cancer, il y avait beaucoup d'opportunités pour les chercheurs d'obtenir des bourses de post-doctorat. C'est beaucoup moins le cas sur la santé reproductive : pour un jeune chercheur, il faut donc être très motivé pour travailler sur la santé des femmes. »

Heureusement, certaines start-up se sont lancées, comme celle de Raphaelle Taub, Matricis.ai. Raphaelle Taub a un parcours scientifique poussé, puisqu'elle a étudié à l'École normale supérieure, en physique. Elle s'est associée à deux autres scientifiques pour lancer cette jeune pousse, qui vise à utiliser l'intelligence artificielle pour améliorer le diagnostic. Matricis.ai a donc développé un logiciel de diagnostic pour l'endométriose à partir d'images d'IRM. « Quand une patiente passe une IRM, le médecin voit sur sa console de lecture les images issues de la machine. Et notre logiciel ajoute des calques sur cette image qui entourent alors les zones suspectes pour permettre au médecin d'assurer son diagnostic, et d'aller plus vite dans sa lecture », nous explique-t-elle.

Un point non négligeable quand on repense aux nombreux cas non diagnostiqués. « Pour se donner une idée, quand on lit un scanner pulmonaire, cela prend entre une minute et une minute trente. Pour lire un examen d'IRM pour une recherche d'endométriose, cela prend entre quinze et quarante-cinq minutes. Ce n'est pas du tout le même niveau de complexité », commente la dirigeante de Matricis.ai.

*Des propositions plus ou moins sérieuses*

La recherche est en marche et on ne peut que s'en réjouir. Mais, parallèlement, les offres plus ou moins sérieuses se multiplient pour répondre aux manques de la médecine classique. Reprenons un instant le témoignage de Marie-Morgane.

Souffrant d'un mal de dos, comme la majorité des travailleurs sur ordinateur, je me suis rendue chez une ostéopathe que je consultais pour la première fois. J'étais alors à une période particulièrement douloureuse d'endométriose. L'ostéopathe (ce genre de femme qui semble n'avoir besoin que d'enfiler un sweat élimé pour être au top) me fait parler de ma santé, et j'en arrive à évoquer cette douleur – alors si dérangeante que je commence à envisager une hystérectomie, hypothèse qui un an auparavant m'aurait fait hurler.

— C'est une solution, me dit-elle. Mais avez-vous essayé le yoga ?

Je la regarde, perplexe ; elle est très sérieuse.

— Je fais déjà du yoga.

Mauvaise pioche, je fais déjà tout ce qui est censé être bon pour mon corps et mon cerveau, quitte à manger des graines sans gluten au petit déjeuner et boire des tisanes de sésame bio, sans sucre, bien entendu.

— Ah oui, mais du hatha yoga ? me demande-t-elle sévèrement. (Elle n'a pas tort. Je ne fais pas de hatha yoga.)

L'endométriose n'est-elle finalement qu'une histoire d'état d'esprit et de chien tête en bas réalisé correctement ? Attention, nous ne remettons pas en cause l'efficacité de l'ostéopathie ou du yoga comme moyen de gestion de la douleur. Reste qu'aujourd'hui, alors même que de plus en plus d'associations militent pour faire connaître l'endométriose, les patientes ne sont pas à l'abri de tomber sur des soignants au discours plus ou moins valable…

Ostéopathie, régime anti-inflammatoire, yoga… Le recours à d'autres options que la médecine classique est courant. Et l'on demeure dans ce cas dans des processus qui, même s'ils ne sont pas toujours cliniquement évalués, sont du moins pratiqués avec sérieux. Mais, parfois, d'autres méthodes sont évoquées, aux fondements peu scientifiques.

Tel magnétiseur parisien explique ainsi sur son site Internet son procédé, semblant peu au courant du fait qu'il ne s'agit ni plus ni moins que d'exercice illégal de la médecine. Ainsi, l'homme propose de prendre la patiente en charge à distance, via un objet appartenant à la malade. « Ce peut être un collier ou une photo dans laquelle celle-ci a les yeux ouverts. » Le magnétiseur affirme alors déterminer l'organe atteint par le mal, pour éliminer « l'énergie négative » en utilisant l'une des techniques suivantes : apposition, imposition, absorption par souffle et « passes magnétiques » (nous vous laissons le soin de vérifier par vous-mêmes à quoi peuvent correspondre ces méthodes…).

Mais comment donc critiquer ces femmes qui, souvent laissées de côté par le monde médical, n'ont guère d'autre choix que de chercher, comme elles le peuvent, une solution pour limiter leurs douleurs ?

Ce mal-être donne lieu à toutes sortes de pratiques, et de communications particulièrement agressives, nous y reviendrons plus longuement dans la deuxième partie de cet ouvrage. Ainsi, alors même qu'une grande consultation est en cours en France pour déterminer le rôle du cannabis dans le traitement des maladies, des sociétés se sont déjà engouffrées dans la brèche. Le gouvernement s'est voulu extrêmement prudent sur la question, avec une utilisation expérimentale du cannabis thérapeutique. Mais de prudence il n'est guère question dans les assertions diverses et variées sur le CBD qui parviennent aux journalistes. À titre d'exemple, telle jeune pousse française affirme que « face à cette maladie, le CBD apparaît comme un remède efficace pour soulager ses maux ». Dans le même communiqué de presse, la société soutient que « de nombreuses études menées aux USA ont révélé qu'un déséquilibre du système endocannabinoïde pourrait être à l'origine de l'endométriose ».

Des huiles plutôt qu'une hystérectomie, honnêtement, qui ne signerait pas ?

Pour conclure, combien de rendez-vous les femmes souffrant d'endométriose devront-elles enchaîner avant que ne soit posé un diagnostic fiable puis prescrit un traitement un tant soit peu adapté ? Combien de soignants les patientes devront-elles rencontrer avant de tomber sur le bon spécialiste, ou simplement le médecin de famille à l'écoute ?

Nous parlons pourtant ici d'une maladie qui a été désignée comme cause nationale par le président de la République en janvier 2022. Emmanuel Macron lançait alors une stratégie nationale de lutte contre l'endométriose. Dans la foulée, le gouvernement a présenté un plan « Santé des femmes, santé des couples », dédié à la recherche sur l'infertilité et l'endométriose, doté d'une enveloppe de 30 millions d'euros. Une enveloppe bienvenue, certes, ne crachons pas dans la soupe. Mais, à titre de comparaison, rappelons que la stratégie nationale « Santé numérique » lancée en 2021 a été dotée, elle, de… 650 millions d'euros.

# Le cœur des femmes n'est pas le même que celui des hommes

Longtemps, les diagnostics des médecins sur les pathologies féminines ont été, disons... sujets au doute. Amusons-nous un instant en relisant le *Traité complet des maladies des femmes et de l'hygiène de leur sexe*, par le D^r Marc Colombat de l'Isère, publié en 1843. Ce bon médecin détaillait alors avec force sérieux dans cette somme de plus de quatre cents pages le corps des femmes et ses affections. Comment expliquait-il que les organes sexuels féminins soient « plus souvent affectés que ceux de l'homme » ? Par « une foule de circonstances qui s'écartent plus ou moins du but de la nature, telles que le célibat, la continence, l'abus du coït, les spasmes érotiques trop souvent provoqués, la stérilité, les accouchements laborieux, les avortements, la privation de l'allaitement, etc. ».

Plus précisément, les affections de l'utérus étaient causées, entre autres, par « l'abondance de mets excitants, l'usage immodéré des glaces et des sorbets ». Mais aussi par « les troubles et les grandes commotions politiques, les manœuvres secrètes, les jouissances illicites, les émotions délirantes et souvent répétées qui résultent des représentations théâtrales et des lectures passionnées ». Voilà pour les femmes bourgeoises des villes. Pour les campagnardes pauvres, les affections des organes sexuels résultaient de « l'usage continuel d'aliments grossiers et de boissons alcooliques, l'action de s'asseoir ou de se coucher sur l'herbe, sur la terre, sur un banc de pierre ». Sans oublier « la colère, le libertinage, l'ivrognerie, la malpropreté et une foule d'autres causes physiques et morales qu'il serait trop long de rappeler ».

Plus de cent cinquante ans plus tard, il est indéniable que la recherche a fait des bonds de géant (ouf !). Mais les femmes et leur souffrance demeurent victimes de clichés et restent l'objet de négligences, et pas uniquement dans le domaine que le monde anglo-saxon appelle « la santé bikini », c'est-à-dire la santé des organes recouverts par le maillot de bain (les seins et l'appareil reproducteur). Les femmes souffrent en effet de diagnostics erronés aux lourdes conséquences lorsqu'il s'agit de la partie la plus vitale de leur corps : le cœur.

## *Le Bus du cœur*

C'est un jeudi pluvieux, un matin d'automne, la cathédrale de Rouen dresse sa tour magistrale à travers le crachin, mais nous n'avons pas le temps d'aller faire la visite de ses travées. Nous sommes venues pour le Bus du cœur des femmes. Cela fait déjà quelques années que nous recevons les communiqués d'Agir pour le cœur des femmes, l'association créée par la cardiologue Claire Mounier-Vehier et l'entrepreneur Thierry Drilhon, farouches défenseurs de la santé des femmes, mais c'est la première fois que nous faisons le déplacement. Le Bus du cœur, qui écume les villes de France pour aller à la rencontre des femmes, a pris ses quartiers pour trois jours dans la vieille ville normande, à quelques encablures de la gare. Trois journées durant lesquelles des femmes jeunes ou moins jeunes sont invitées à venir passer une série d'examens de santé gratuitement.

Des chapiteaux blancs sont dressés côte à côte, on pourrait se croire à l'entrée d'un festival de musique, très bien organisé mais sans buvette. Dès leur arrivée, les visiteuses remplissent un formulaire dit de vulnérabilité sociale et sont dirigées vers le chapiteau de la Caisse primaire d'assurance maladie, qui vérifie que toutes les patientes ont leurs droits ouverts et leur propose de l'aide dans le cas contraire. Pour vivre de l'intérieur le fonctionnement du Bus du cœur, nous décidons ce jour-là de nous fondre parmi toutes ces femmes et de passer les étapes une à une.

Nous rejoignons Prudence, étudiante infirmière à la Croix-Rouge de Rouen, pour le premier examen. La jeune femme prend notre tension trois fois de suite, à une minute d'intervalle ; nous saisissons l'occasion pour lui demander un éclairage sur la signification de ces chiffres que les médecins assènent régulièrement lors des consultations. Vous aussi, vous vous êtes posé la question ?

Le cœur pompe environ cinq litres de sang par minute (c'est costaud, un cœur, imaginez que vous ayez cinq litres d'eau à pomper en une minute), chaque battement envoyant le sang vers les poumons et les autres parties du corps. Lorsqu'il se contracte, le cœur pousse le sang dans les artères. La pression qui s'exerce sur la paroi de l'artère s'appelle la systole, on parle alors de tension ou pression systolique. Pour être normale, cette pression ne doit pas dépasser 135 mm Hg (l'unité de mesure est le millimètre de mercure). À l'inverse, le cœur se détend entre deux battements, on parle alors de pression diastolique, qui ne doit pas excéder 85 mm Hg. Prudence prend aussi notre pulsation cardiaque, qui doit se situer entre 60 et 100 battements au repos.

Une fois les mesures effectuées, nous prenons place dans une file, entourées de femmes âgées de 30 à 70 ans environ, pour attendre le compte rendu du médecin. Ce jour-là, il y a aussi une interprète, qui facilite les échanges avec les nombreuses réfugiées de guerre ukrainiennes.

Notre tour arrive, nous entrons dans une caravane aux couleurs métalliques qui ne dépareillerait pas aux Eurockéennes de Belfort. Nicolas, médecin au CHU de Rouen, fait le tour des questionnaires que nous avons remplis, s'enquiert en douceur de notre tension, un peu faible, et de nos palpitations éventuelles.

Après avoir répondu à ses questions, nous ressortons et prenons notre place dans un bus rose qui fourmille de soignants (majoritairement des femmes) et de patientes. Virginie, infirmière à Rouen, mesure notre tour de taille (qui doit être inférieur à 88 centimètres pour une femme, pour ne pas occasionner de problème de santé), avant de nous faire une piqûre au bout du doigt pour prélever une goutte de sang, analysée en quelques minutes seulement pour déterminer nos taux de sucre et de cholestérol. Rien à signaler. Nous sommes ensuite invitées à rejoindre Camille, une sage-femme, pour faire le point sur notre suivi gynécologique. « On se rend compte que beaucoup de femmes ne font pas de frottis ou de mammographies. Ce sont des femmes qui vivent loin, à la campagne, qui n'ont pas accès aux spécialistes, et qui ne sont donc pas suivies. Le Bus du cœur est là pour leur prodiguer les conseils qu'elles n'ont jamais eus », explique la soignante, souriante, qui sait nous mettre à l'aise immédiatement.

Enfin, nous rencontrons Cindy, élève infirmière bénévole au service de cette cause, pour la dernière étape de l'électrocardiogramme. Les électrodes placées par Cindy à nos chevilles, à nos poignets et autour du cœur enregistrent l'activité électrique de notre cœur.

En tout, le parcours a duré une heure trente environ. C'est un dépistage complet, qui coûte 500 euros par femme, nous explique Thierry Drilhon. L'examen est remboursé intégralement par la

Sécurité sociale. Cette somme représente une bagatelle si l'on compare « avec les centaines de milliers d'euros de prise en charge d'une femme qui est entrée dans la maladie cardiovasculaire », fait valoir l'entrepreneur.

Depuis sa naissance, en 2020, ce dispositif a testé 12 000 femmes à travers la France. Le bus a été brûlé lors des émeutes de 2023, mais il a été remis sur la route en un rien de temps. Il y a du travail : « On écoute les femmes ici, on ne leur dit pas que si elles sont essoufflées c'est parce qu'elles sont stressées », nous explique Thierry Drilhon. Et, avant de repartir donner un coup de main aux bénévoles, il ajoute : « 90 % des femmes détectées présentaient au moins deux facteurs de risque. L'idée est de créer une dynamique, pour les publics les plus fragiles, pour des femmes entre 40 et 60 ans qui n'ont pas de médecin traitant et sont en situation difficile. »

### *Première cause de mortalité chez les femmes*

Mais pourquoi cette initiative s'adresse-t-elle exclusivement aux femmes ? La liste des affections cardiovasculaires est longue : athérosclérose (des dépôts de substance graisseuse qui se forment dans les parois des artères), amylose cardiaque (une maladie rare causée par des dépôts amyloïdes dans les tissus cardiaques), valvulopathie (mauvais fonctionnements de la valve cardiaque), infarctus du myocarde, insuffisance cardiaque, AVC, on en passe et des meilleures… Or, les femmes sont de grandes victimes des maladies cardiovasculaires, même si cela va à l'encontre des idées reçues sur les crises cardiaques. Selon la Fédération mondiale du cœur, les maladies cardiaques sont responsables de 35 % des décès chez les femmes chaque année, plus que tous les cancers combinés. Elles font treize fois plus de morts chez les femmes que le cancer du sein. « Les maladies cardiovasculaires, notamment l'infarctus du myocarde et l'accident vasculaire cérébral, sont la première cause de mortalité des femmes dans le monde, bien avant le cancer du sein, qui occupe la huitième place [...]. En France, 56 % des femmes meurent [de maladies cardiovasculaires], contre 46 % des hommes », rappelle dans un rapport au Sénat le Haut Conseil à l'Égalité entre les femmes et les hommes[1].

Plusieurs raisons l'expliquent. Des facteurs de risques affectent les femmes comme les hommes : une tension artérielle élevée, des régimes déséquilibrés, le manque d'activité physique et un cholestérol trop élevé. À cela s'ajoutent, dans le cas des femmes, des facteurs hormonaux.

C'est ce que nous explique la cardiologue Claire Mounier-Vehier, qui nous accorde un entretien quelques jours après notre passage à Rouen. On sent à l'autre bout du fil une femme déterminée, dynamique, portée par la cause pour laquelle elle se bat depuis des années.

« La ménopause est un catalyseur de risques », décrit la spécialiste. Car le phénomène peut favoriser l'hypertension, le diabète, l'hyperlipidémie, l'obésité, par exemple. « Pendant cette période, si la femme n'est pas vigilante à son hygiène de vie alimentaire et à l'activité physique, elle va prendre du poids sournoisement, 30 à 40 grammes par mois au niveau de l'abdomen », poursuit la médecin. L'obésité abdominale apparaît, associée à une insulinorésistance qui favorise l'élévation de la glycémie et la fabrication du mauvais cholestérol au détriment du bon.

« Il y a donc un effet métabolique pervers de cette dysrégulation hormonale. Une fois la ménopause avérée, lorsqu'il n'y

1. HCE, *Prendre en compte le sexe et le genre pour mieux soigner : un enjeu de santé publique*, *op. cit.*

a plus d'ovulation, plus du tout d'œstrogènes, cela accentue le phénomène et, parallèlement, on a un épaississement de la paroi des artères, qui vont s'hypertrophier. »

Merci, la ménopause… Toutefois, les facteurs hormonaux ne suffisent pas à expliquer la vulnérabilité des femmes, d'autant moins que les maladies cardiovasculaires sont en augmentation chez les femmes de moins de 50 ans, a priori pas encore ménopausées. Le Haut Conseil à l'Égalité (HCE) rappelle ainsi l'importance des stress psychosociaux chez les femmes : précarité, violences, charge du ménage, troubles dépressifs et troubles du sommeil, « corrélés significativement avec les atteintes cardiaques et l'hypertension ».

Même son de cloche du côté de la Fédération mondiale du cœur, qui désigne plusieurs facteurs de risques auxquels le cœur des femmes est plus exposé que celui des hommes : le stress et la dépression, le diabète ou encore le tabac (étonnant !) sont les plus fréquemment observés.

## *Le diagnostic en ligne de mire, encore et toujours*

Aviez-vous connaissance de ces risques ? En toute honnêteté ? Nous, non. Si notre métier de journaliste nous amène à nous intéresser aux problématiques de santé, ces données nous avaient totalement échappé. Pourquoi ? Car les stéréotypes de genre sont partout et continuent de faire loi, même dans le domaine de la santé. Durant des générations, le corps médical a considéré les troubles cardiaques comme des pathologies essentiellement masculines dont les femmes étaient exemptes. À ce propos, deux autrices, Ineke Klinge et Claudia Wiesemann, rapportent une anecdote drôle (pour celles et ceux qui aiment rire jaune) et on ne peut plus éloquente dans un article sur le sexe et le genre en médecine[1]. « En 1960, l'Association américaine du cœur pouvait encore organiser une conférence sur les femmes et les maladies cardiovasculaires intitulée : "Comment aider son mari à gérer la maladie cardiovasculaire ?" » Nulle mention alors des risques encourus par les femmes elles-mêmes. Et voilà comment une mauvaise représentation de la santé des femmes aboutit à une sous-estimation de leurs problématiques spécifiques.

Nous pourrions ne pas nous montrer objectives et nous fier uniquement à des ressentis. C'est exactement ce qui est reproché à nombre de patientes négligées par la médecine. En réalité, le phénomène a été quantifié à de nombreuses reprises. Il suffit pour cela de regarder la littérature scientifique, qui commence à s'attacher aux biais de genre dans la prise en charge, notamment dans les délais de prise en charge dans les services d'urgence. Nous sommes ainsi tombées avec effarement sur cette étude publiée en 2022 par le *Journal of the American Heart Association*, consacrée aux différences de prise en compte des douleurs cardiaques en fonction du sexe du patient. Pour cela, les auteurs ont étudié les données de patients âgés de 18 à 55 ans se présentant aux urgences aux États-Unis pour des douleurs de poitrine, sur une période comprise entre 2014 et 2018[2]. Les patientes étaient prises en charge moins rapidement par les médecins que les hommes présentant les mêmes symptômes (qu'on se rassure, les femmes n'étaient pas les seules à attendre davantage… les

1. Ineke Klinge, Claudia Wiesemann (dir.), *Sex and Gender in Biomedicine*, publié en allemand en 2010 par l'université de Göttingen, en 2011 en anglais par Akron Press. (Traduction des journalistes autrices du présent ouvrage pour les passages cités.)

2. Darcy Banco *et al.*, « Sex and race differences in the evaluation and treatment of young adults presenting to the Emergency Department with chest pain », *Journal of the American Heart Association*, mai 2022.

patients non blancs attendaient plus longtemps, eux aussi). Il existe même un nom pour cela : le syndrome de Yentl, du nom d'un roman d'Isaac Bashevis Singer, où l'héroïne doit se faire passer pour un homme afin de pouvoir devenir élève dans une école talmudique.

Par extension, le syndrome de Yentl désigne le fait que les femmes souffrant de crise cardiaque ont souvent été mal diagnostiquées (et en sont donc mortes pour certaines), puisque les médecins ne savaient pas reconnaître leurs symptômes spécifiques.

Autre fait marquant révélé par cette étude : dans les cas où une angine de poitrine était diagnostiquée, les médicaments idoines étaient davantage prescrits aux hommes qu'aux femmes. « Notre étude démontre des différences entre les sexes dans l'évaluation de la douleur thoracique chez les jeunes adultes admis aux urgences malgré la documentation d'un risque de mortalité plus élevé pour les femmes que pour les hommes souffrant d'infarctus du myocarde dans les groupes d'âge plus jeunes. Ces résultats sont particulièrement préoccupants étant donné que la mortalité cardiovasculaire chez les jeunes femmes stagne, voire augmente, ces dernières années », soulignent les auteurs.

Le HCE cite, lui, en exemple une étude menée cette fois-ci par le service de cardiologie de l'hôpital Lariboisière sur le risque de décès après un infarctus du myocarde. « Les femmes appellent le Samu en moyenne quinze minutes plus tard que les hommes. Elles sont deux fois plus nombreuses à décéder à l'hôpital suite à l'infarctus. »

En outre, si les femmes sont mal diagnostiquées, c'est aussi parce que les instruments de diagnostic ne sont pas adaptés. Selon une autre étude[1], néerlandaise, cette fois, les méthodes traditionnelles de diagnostic ne sont pas optimales pour les femmes. Il n'existe, par exemple, pas de critères spécifiques au sexe pour l'interprétation des électrocardiogrammes, bien que les femmes aient une fréquence cardiaque au repos plus élevée que les hommes. « À un âge plus jeune, les niveaux d'œstrogènes endogènes peuvent induire des modifications de l'électrocardiogramme imitant une ischémie », expliquent aussi les auteurs, qui plaident donc pour d'autres méthodes mieux adaptées.

« L'infarctus de la femme a une physiopathologie, des mécanismes qui sont un peu différents avant la ménopause. Ce ne sera pas forcément une occlusion de l'artère, cela peut être une rupture de plaque ou une érosion de plaque d'athérome (ces plaques qui réduisent la circulation sanguine). Donc il va y avoir une occlusion incomplète de l'artère, nous explique la Pr Claire Mounier-Vehier. Cela veut dire que l'on peut avoir des infarctus de la femme sans modification de l'électrocardiogramme, voire sans modification de l'échographie cardiaque. »

En résumé, mesdames, faute d'outil adapté, on peut passer à côté de votre crise cardiaque. C'est pour cela que la cardiologue milite pour l'utilisation d'imagerie du cœur en plan de coupe, mieux adaptée pour apercevoir des plaques calcifiées ou molles d'athérome dans les artères.

Qu'on ne s'y méprenne pas, nous ne croyons pas que les soignants, médecins ou infirmiers, se donnent le mot pour volontairement mal traiter les femmes lorsqu'elles arrivent aux urgences, ou qu'il y a un grand complot masculiniste, loin de là. Mais il existe un manque de formation, pointé du doigt par l'ensemble des organisations de santé, sur les symptômes spécifiques aux femmes

1. Ahem Maas, Yea Appelman, « Gender differences in coronary heart disease », *Netherlands Heart Journal*, décembre 2010.

et sur leur vulnérabilité. Il existe aussi un manque d'écoute de la parole des femmes, qui encore aujourd'hui ne sont pas prises au sérieux lorsqu'elles se plaignent de douleurs nouvelles. Et ce phénomène, comme on vient de le voir, est quantifiable scientifiquement. Surtout, il peut être… mortel.

## *Et la parole des femmes ?*

Nous avons contacté Clara, une quinquagénaire pétillante qui gravite dans nos cercles respectifs depuis de longues années. En avançant dans l'enquête, nous nous sommes remémoré son histoire car elle constitue un exemple caractéristique du manque d'attention trop souvent porté à la parole des femmes par l'ensemble du corps médical.

Un dimanche estival, nous la retrouvons dans un café, à l'entrée du parc parisien des Buttes-Chaumont. Clara arrive, fidèle à elle-même, chic et souriante. Elle nous parle du secteur de l'édition dans lequel elle travaille, de son exposition de photographies, de ses futurs projets. Clara est en perpétuel mouvement. Pourtant, il s'en est fallu de peu pour que tout s'arrête.

Il y a vingt ans, elle fait un AVC lors d'un séjour en Bretagne avec ses jeunes enfants. Elle se retrouve aux urgences, la moitié du corps paralysée, puis est rapidement prise en charge dans un hôpital parisien réputé. Elle en sort sans « séquelle visible » et sans traitement – les résultats de l'imagerie médicale n'étant pas suffisamment lisibles, son neurologue ne lui prescrit ni aspirine ni bêtabloquants, par précaution. Clara arrête toutefois la pilule contraceptive et le tabac, et reprend le cours de sa vie. Quelques années après, elle s'inquiète toujours de la persistance de séquelles, comme cette joue gauche qui lui donne l'impression d'être en carton. Clara consulte alors un nouveau neurologue, qui manifeste peu d'attention au ressenti de sa patiente et lui prescrit, sans mise en garde ni commentaire… des antidépresseurs. Oui, vous avez bien lu : Clara a été considérée comme en difficulté psychique par son médecin car elle se plaignait de séquelles.

Les années passent, jusqu'à cet automne 2023. Clara se sent « bizarre », raconte-t-elle. Elle se rend au cabinet de son médecin traitant et, ce dernier étant en congés, s'assoit face à son jeune remplaçant. « Je lui ai parlé de cet AVC, il y a plus de vingt ans, de mes divers symptômes récents, de la sensation étrange de tanguer, pour enfin lui demander de me prescrire un bilan cardiaque complet. Il ne semble pas inquiet, me fait faire quelques exercices débiles, fermer les yeux, toucher mon nez, rester debout sur un pied (maintenant, j'en ris !)… et décide de m'adresser à un ORL, persuadé que mon problème vient de l'oreille interne. » Trois semaines plus tard, Clara fait un deuxième AVC.

Cette fois-ci, on découvre à l'hôpital qu'elle souffre d'une malformation congénitale, un foramen ovale perméable ou FOP. Il s'agit d'une communication entre les ventricules du cœur, qui normalement se referme à la naissance. Cette anomalie est fréquente et ne présente a priori pas de complications, sauf pour les personnes sujettes aux caillots sanguins. C'est le cas de Clara. « Je mesure la chance que j'ai. Je n'ai pas de séquelles apparentes, j'ai des problèmes de concentration, de mémoire, certes, cela va s'estomper. Mais j'aurais pu mourir ou être handicapée à vie. Quand tu es une femme, on ne t'entend pas », fulmine-t-elle.

En somme, une fois le constat posé, les solutions existent et passent notamment par l'éducation des différents acteurs, soignants, patients, et plus largement du grand public. Nous en sommes un exemple, à notre échelle. Depuis que nous avons entendu le témoignage de Clara, notre regard a changé sur les maladies cardiovasculaires, et nous consacrons régulièrement du temps à sermonner nos amies de tous les âges pour qu'elles se fassent suivre correctement. Quitte à passer, régulièrement, pour des rabat-joie…

# F comme fibrome

Si, comme nous, vous ne connaissiez pas les risques cardiovasculaires spécifiques aux femmes, peut-être êtes-vous également passés à côté d'une autre pathologie féminine : le fibrome utérin, dont nous n'avions nous-mêmes qu'une faible connaissance avant d'entamer notre enquête.

C'est un vendredi matin de juin ensoleillé, au moment où les sorties scolaires de fin d'année battent leur plein. À la Cité des sciences et de l'industrie, à Paris, des écoliers, sac au dos, se pressent en petits groupes pour assister aux expositions. Le sous-marin, la Géode, ils vont passer une journée mémorable. Les filles que nous apercevons parmi les enfants n'ont pas plus de 7 ou 8 ans. Elles n'ont donc pas encore l'âge d'être menstruées. Mais, d'ici plusieurs années, l'une d'elles souffrira d'un fibrome utérin[1]. Anna, Madeleine ou Ketsia, on ne sait pas encore laquelle…

Cette maladie va être évoquée en long, en large et en travers ce 9 juin 2023, au premier étage de la Cité des sciences, à

1. « La prévalence des fibromes utérins varie fortement selon les études. Elle est estimée en France à environ 25 % chez les femmes âgées de 40 à 50 ans, et peut atteindre 50 % chez les femmes âgées de plus de 50 ans », selon une enquête de Santé publique France publiée en mars 2022.

l'occasion du tout premier congrès qui lui est consacré en France. Hystérectomie, traitements hormonaux, préservation de la fertilité, troubles urologiques, ce sont des sujets lourds, et on vous avoue qu'on aurait préféré profiter des terrasses matinales printanières. Mais on ne va pas se plaindre : le fait même qu'un congrès soit enfin consacré au fibrome utérin est en soi une avancée.

Cette maladie, pourtant très fréquente, est souvent invisibilisée, notamment par les médias ; une négligence qui vient renforcer le sentiment de solitude et d'impuissance des femmes concernées. Il existe des congrès nationaux dédiés à de nombreuses maladies, et il faut s'en réjouir : la maladie d'Alzheimer, le pied diabétique, la maladie de Charcot, les maladies respiratoires, les maladies rénales, les maladies rares. Des congrès d'ORL, de médecine du travail, de dermatologie. La liste est variée et certains de ces congrès ont vu le jour il y a des décennies. Mais le fibrome utérin, lui, aura donc attendu 2023 pour faire l'objet d'un premier congrès en France, à l'initiative de l'association Fibrome Info France. C'est en quelque sorte un cas d'école, symptôme du manque de prise en compte de la santé des femmes. Et, puisqu'il s'agit ici des règles, autant dire que le tabou est coriace. Le fibrome utérin, avec ses histoires de saignements, c'est une affaire de bonne femme.

## *Une femme sur trois*

Commençons par le commencement. Un fibrome utérin est une tumeur bénigne formée par du tissu fibreux. Il peut se développer dans le tissu musculaire de l'utérus (il est alors dit interstitiel), à la surface de l'utérus (dans la cavité pelvienne), ou encore dans la cavité utérine elle-même.

Mais le fibrome utérin peut revêtir des formes très diverses ; certains sont minuscules tandis que d'autres peuvent peser des centaines de grammes, voire dépasser le poids d'un nouveau-né ; certains sont isolés quand d'autres se développent en nombre. Quant aux femmes touchées, leurs profils sont hétéroclites. Selon Fibrome Info France, 20 à 40 % des femmes âgées de moins de 35 ans sont concernées. Entre 40 et 50 ans, la prévalence est de 50 % des femmes caucasiennes et de... 80 % des femmes afro-caribéennes. Le site Internet de l'Assurance maladie (ameli.fr) évoque quant à lui la probabilité qu'une femme sur trois développe un fibrome utérin entre 30 et 50 ans. Les femmes sans enfants ou en surpoids ont statistiquement plus de risques.

Dans la majorité des cas, le risque tend à disparaître à la ménopause. Pourquoi donc ? Car les fibromes sont hormono-dépendants et se résorbent en même temps que le niveau sanguin des œstrogènes diminue.

Dans 20 à 50 % des cas, la présence de fibromes occasionne des symptômes dont les répercussions peuvent être importantes, parfois handicapantes – notons toutefois qu'une grande partie des femmes concernées ne souffrent d'aucune douleur. Le fibrome peut, par exemple, exercer une compression sur d'autres organes, comme la vessie, provoquant des douleurs pelviennes, ou les ovaires, entraînant des troubles de la fertilité. Il peut être également générateur de ménorragies (des règles de durée anormalement longue et très abondantes), de métrorragies (des saignements en dehors des périodes de règles) ou de ménométrorragies, qui combinent les deux. Imaginez un instant avoir des saignements durant plusieurs semaines, parfois si intenses que vous devez changer de protection hygiénique toutes les demi-heures et vous lever plusieurs fois la nuit, au risque sinon de vous réveiller dans une mare de sang. Imaginez aussi que tous les pans de votre vie quotidienne soient altérés par l'intense fatigue accumulée et l'anémie consécutive, entraînant parfois d'autres pathologies telles que l'insuffisance cardiaque. Attendez, ce n'est pas fini : on vous a parlé de la compression sur le rectum ? du gonflement abdominal ? des douleurs lors des rapports sexuels ? Pour les femmes qui connaissent ces symptômes, la seule gestion du quotidien peut devenir un combat.

Angèle Mbarga, quadragénaire volubile, est passée par là, elle aussi. C'est même cela qui l'a amenée à fonder l'association France Info Fibrome, en 2011. C'est donc à cette consultante en droit du travail que l'on doit, le 9 juin 2023, le premier congrès consacré à cette maladie hormono-dépendante. Sur l'estrade, elle laisse discuter les experts et les patientes, relance habilement le débat, et son énergie dénote une détermination sans faille.

Le fibrome utérin, nous dit-elle, souffre d'une « invisibilisation démentielle qui doit être combattue. C'est la maladie féminine la plus fréquente, et pourtant il y a encore des femmes qui n'en ont jamais entendu parler », s'exclame-t-elle.

Diagnostiquée en 2008, opérée en 2011, Angèle a créé dans la foulée son association « en réponse à son isolement et sa détresse. Lorsque l'on va chez le gynécologue pour les premières consultations en tant que jeune femme, on entend parler de MST, de contraception, de cancers féminins. Mais pas de fibrome, alors même qu'il s'agit de la première cause d'ablation de l'utérus », dit-elle, déplorant une « banalisation massive ». « J'ai été en errance pendant dix-huit mois. Avec un manque d'écoute de la part des professionnels de santé. On va nous dire : c'est un fibrome, rassurez-vous, ça n'a rien de grave. Ce qui est en décalage total avec la réalité de la maladie. Quand on a en face de soi un professionnel qui affirme que ce n'est rien, on est en quête d'oreilles attentives et d'informations éclairées sur la maladie et ses traitements. »

## *Quels traitements ?*

Le fibrome utérin est une maladie hormono-dépendante, mais d'autres facteurs pourraient entrer en ligne de compte, dont les perturbateurs endocriniens. Malheureusement, comme souvent lorsque les femmes sont concernées, la recherche peine à avancer. Car l'intérêt des laboratoires reste d'autant plus limité que les pouvoirs publics n'ont pas identifié cette maladie comme une cause nationale importante. Quant aux traitements, on retrouve peu ou prou les mêmes que pour l'endométriose.

« On peut ralentir la croissance du fibrome avec des hormones. On va le surveiller et décider de l'opérer s'il est symptomatique », décrit le Dr Thomas de Lapparent, chirurgien gynécologue à l'hôpital Nord Franche-Comté, que nous avions initialement interrogé sur l'endométriose. Les femmes peuvent se voir prescrire des progestatifs, pour diminuer les saignements abondants entre ou pendant les règles. Il existe aussi des médicaments dits analogues de la gonadolibérine, qui bloquent l'action d'une hormone de la reproduction, l'hormone libératrice des gonadotrophines, et freinent la production d'œstrogènes.

Certains médicaments limitent les saignements en agissant sur la coagulation. Enfin, on retrouve les antalgiques qui « peuvent aider à diminuer les douleurs pelviennes », selon les autorités de santé.

« Il y a urgence pour que l'industrie pharmaceutique réfléchisse à des traitements plus efficaces. Les fibromes étant récidivants, il arrive que des femmes touchées par la maladie subissent deux ou trois opérations en l'espace de deux ou trois ans. On aimerait bien avoir des traitements plus efficaces pour souffler quelques années entre les récidives », plaide Angèle Mbarga.

## *Hystérectomie, here we are (again)*

Souvent, ces traitements ne suffisent pas, et dans ce cas il faut en passer par une opération, par exemple si le fibrome est trop volumineux, qu'il empêche une grossesse ou que les douleurs sont trop fortes. « Une opération efficace », précise le Dr de Lapparent.

Mais surtout le fibrome, selon l'Assurance maladie, représente la cause principale d'ablation de l'utérus (60 000 interventions en France chaque année).

L'hystérectomie peut prendre diverses formes : être totale (ablation complète de l'utérus), partielle (ablation de l'utérus mais pas du col de l'utérus), ou encore comprendre le retrait des trompes et des ovaires. Mais est-ce la solution ? A fortiori lorsque l'on a 27 ans et que l'on souhaite avoir un enfant ?

De plus en plus, des médecins tendent à considérer que l'hystérectomie doit être moins souvent pratiquée. Notamment car elle présente des effets secondaires, comme le rapporte une étude dans la revue médicale *Menopause* en 2018. Selon celle-ci, en cas d'ablation de l'utérus, les patientes ont une probabilité accrue de souffrir de problèmes cardiovasculaires, même en cas de préservation de leurs ovaires. L'étude[1] a été menée par la Mayo Clinic, aux États-Unis, sur 2 000 femmes suivies

1. Shannon K. Laughlin-Tommaso *et al.*, « Cardiovascular and metabolic morbidity after hysterectomy with ovarian conservation : a cohort study », *Menopause*, 2018.

entre 1980 et 2002. Les femmes ayant subi une hystérectomie présentaient un risque supérieur d'avoir un taux élevé de mauvais cholestérol, de souffrir d'hypertension, d'obésité, d'arythmie cardiaque et de maladie des artères coronaires, et ce, même en cas de conservation des ovaires.

Le Dr Olivier Serres-Cousiné, médecin radiologue à Béziers, fait justement partie de ces soignants qui remettent en cause la nécessité de pratiquer des hystérectomies. Nous l'avons écouté lors du congrès sur le fibrome utérin, et son intervention nous a semblé marquante.

« Quand on met une femme en ménopause parce qu'on enlève ses ovaires, il y a des risques cardiovasculaires », nous répétera-t-il, quelques jours après le congrès, lorsque nous le contacterons pour bien comprendre de quoi il retourne. « Mais ce dont on ne parle pas assez, ce sont les troubles de la statique pelvienne, les troubles urinaires multipliés par deux après une hystérectomie. Sans oublier l'impact sur la psychologie des femmes, ou sur celles qui voient leur sexualité modifiée. Tout n'est pas dit aux patientes », regrette-t-il. Et d'ajouter : « L'hystérectomie, c'est un geste qui, pour moi, est trop lourd pour des pathologies bénignes. En cas de cancer du col de l'utérus, cela ne se discute pas, mais sinon on peut se poser la question. »

Une de nos amies, Camille, 40 ans, professeure d'anglais en lycée, a échappé de peu à l'opération. Camille nous appelle un soir, car elle sait que nous écrivons un livre sur la santé des femmes et tient à nous faire partager son expérience.

Après une longue absence de menstruations inexpliquée et un retour de règles accompagné de saignements discontinus tout au long du mois, elle décide de consulter. Son gynécologue diagnostique deux fibromes utérins et conclut fermement à l'hystérectomie. Camille, d'ordinaire si optimiste et qui tient la barre contre vents et marées, nous raconte être restée sans voix : « Je me suis rhabillée, je n'ai même pas pensé à demander s'il y avait une alternative. » Les nuits qui suivent, elle ne ferme pas l'œil. Quelques jours plus tard, notre amie se décide à demander un deuxième avis et reçoit une réponse très différente de la première. Cette fois-ci, la gynécologue la rassure sur la taille de ses fibromes et s'oppose à l'opération. Mieux encore, elle impute les saignements à un « léger dérèglement hormonal ». Deux médecins, deux avis diamétralement opposés, et un utérus conservé.

Heureusement, comme nous l'ont expliqué les médecins que nous avons interrogés pour cette enquête, l'hystérectomie n'est pas la seule solution. La myomectomie en est une. Moins radicale, elle consiste en l'ablation chirurgicale d'un ou plusieurs fibromes utérins tout en conservant l'utérus. L'embolisation des artères utérines, un traitement mini-invasif réalisé par les radiologues, en est une autre, mais elle est rarement proposée. Il s'agit dans ce cas d'obstruer certaines artères qui vascularisent le fibrome utérin par l'injection d'un produit (comportant des microparticules). C'est justement la spécialité du Dr Serres-Cousiné, qui en a réalisé plus de 5 000.

« Il faut de l'expérience, on l'a appris au fil des années. Il faut des centres de formation qui expliquent les bonnes pratiques. Ce qui a un peu discrédité la technique au début, c'est que cela a été fait par des non-spécialistes, il y a eu des nécroses génitales. Si vous avez les bonnes pratiques, cela n'arrive pas », dit-il, déplorant que cette opération ne soit encore pratiquée qu'au compte-gouttes en

France. Pour montrer l'intérêt de cette technique, le radiologue a réalisé une étude sur 398 femmes de moins de 43 ans traitées de cette façon entre 2003 et 2017. Selon cette étude[1] publiée en 2021, neuf femmes sur dix n'avaient plus de symptômes et 109 d'entre elles ont pu avoir un enfant.

Pour le D^r de Lapparent, il s'agit d'une technique moins invasive que la chirurgie, mais qui n'est pas « recommandée chez une femme en âge de procréer : si un fibrome pose un souci pour une grossesse, il faut l'enlever chirurgicalement », estime-t-il. Et d'ajouter : « C'est un bon traitement, mais il a ses avantages et ses inconvénients. L'embolisation peut être un échec, alors qu'avec la chirurgie, quand le fibrome est enlevé, il est enlevé. »

### « *On est au Moyen Âge de la médecine de la femme* »

La totalité des témoignages, des données et des expertises que nous récoltons convergent vers un même constat : le fibrome utérin est une pathologie largement répandue, complexe et parfois invalidante qui peut impacter lourdement la vie et la santé des femmes. Alors comment se fait-il qu'elle soit encore à ce point méconnue ?

L'une des réponses se trouve du côté des autorités de santé, qui, elles aussi, peinent à entendre parler du fibrome utérin. La preuve, on vous prévient, vaut son pesant de cacahuètes ! Nous l'avons indiqué précédemment, le gouvernement français a lancé en 2022 un PEPR (programme et équipement prioritaire

1. Olivier Serres-Cousiné *et al.*, « Clinical investigation of fertility after uterine artery embolization », *American Journal of Obstetrics and Gynecology*, octobre 2021.

de recherche) doté de 30 millions d'euros sur cinq ans. Intitulé « Santé des femmes, santé des couples », ce programme doit regrouper les chercheurs de toutes les disciplines se rapportant à l'endométriose, et couvrir aussi les domaines de la fertilité ou des traitements anti-épileptiques (pour les femmes enceintes). Or, ce programme ne comprend pas le fibrome utérin à l'heure où nous écrivons ces lignes. Il existe en France un plan sur la santé des femmes dont l'un des axes principaux est de lutter contre l'infertilité, mais personne n'a pensé à y inclure une maladie que l'on traite le plus souvent par l'hystérectomie.

Vous en redemandez ? Nous pourrions, par exemple, écrire de nombreuses pages sur le syndrome des ovaires polykystiques (SOPK), la maladie hormonale la plus fréquente chez les femmes en âge de procréer et pour laquelle il n'existe toujours pas de traitement spécifique. Parmi ses conséquences, des troubles de la fertilité et de la pilosité (hirsutisme), ainsi que des complications comme le diabète. Nous pourrions aussi écrire sur les douleurs pelviennes, qui commencent tout juste à être prises en compte, et encore, par certains médecins.

« Les douleurs chroniques sont très répandues chez les femmes », dépeint ainsi le Dr Serres-Cousiné, qui estime que 90 % de sa pratique concerne désormais les maladies des femmes. « Il y a l'endométriose, le fibrome, l'adénomyose, les varices pelviennes. Et d'autres encore. On n'en est qu'au début, on commence tout juste à écouter ces patientes. Des premières règles jusqu'à la ménopause, les femmes ont de nombreuses pathologies, bénignes la plupart du temps, mais qui impactent leur vie personnelle, familiale, sociale. Il y a tout un travail à faire », souligne le médecin, qui dit se retrouver face à des patientes épuisées. Et d'ajouter : « On est au Moyen Âge de la médecine de la femme, et ce retard s'explique par le fait qu'il s'agit de maladies de femmes, pour une médecine très longtemps faite par des hommes. »

# DEUXIÈME PARTIE

## *Un business (juteux) en pleine croissance*

« *At the end of the day, it's all about money.* »

*Garry Kasparov*

Avouons-le, le constat que nous venons de dresser est pour le moins sombre. La non-prise en compte du genre et du sexe ou la discrimination en santé génère depuis de nombreuses années des disparités de traitements. Si aujourd'hui les consciences se réveillent, permettant de mettre au jour certaines pathologies longtemps ignorées, les progrès sont encore très lents. Il faut désormais aller plus loin, et cela ne peut se faire sans investissements massifs spécifiquement dédiés à la santé des femmes – sans argent, la recherche n'avance pas, et, sans recherche, il n'y a pas d'avancées. Nous l'avons constaté durant la crise du Covid-19 : en quelques mois, des milliards de dollars ont été dépensés par des organismes publics et privés pour trouver un vaccin, et cela a fini par payer.

En toute logique, des investissements similaires auraient un impact important sur la découverte de nouveaux traitements pour les pathologies féminines. Alors que les pouvoirs publics ont encore tant de mal à engager des actions déterminées dans ce domaine, les femmes, elles, continuent de chercher les réponses que la médecine ne parvient pas à leur offrir. Certains entrepreneurs l'ont bien compris, au point d'en faire leur fonds de commerce. Applications numériques pour le suivi du cycle menstruel, traitements contre l'endométriose, yoga hormonal ou cérémonies du féminin sacré, les offres fleurissent autour du bien-être et de la santé des femmes, favorisant l'expansion d'un écosystème lucratif.

# Financement : le cercle vicieux

Il était une fois un pays qui allait très bien (votre corps). Un jour, cette contrée verdoyante et heureuse fut attaquée par une horde d'envahisseurs aux dents acérées et aux yeux rouges (une maladie). Le pays se mit en ordre de bataille : les généraux commencèrent à mettre en place une stratégie à force de réunions au sommet dans un campement militaire. Les fantassins (vos précieux anticorps, par exemple) préparèrent leur paquetage et dirent au revoir à leur famille. Et les armuriers dans les casernes se mirent à lustrer leurs armes (médicaments). Sauf que… les armes étaient absentes. Ni canon, ni défense antimissile, ni même un simple pistolet : il n'y avait rien en réserve. Conséquence : le pays fut rapidement défait et termina exsangue, faute de munitions. Car, comme le disait le champion d'échecs Garry Kasparov : « *It's all about money.* » Tout est une question d'argent. Et le domaine de la santé des femmes n'y échappe pas.

### *Manque de données fiables*

Nous l'avons longuement évoqué dans la première partie, les femmes ont, depuis toujours, été massivement écartées des protocoles de recherche médicale, avec pour premier corollaire un manque de données fiables. Et les répercussions sont graves puisque cette absence de données empêche de comprendre certaines pathologies, et donc de trouver des traitements adéquats. Dans son ouvrage *Femmes invisibles : comment le manque de données sur les femmes dessine un monde fait pour les hommes*[1], la militante et journaliste britannique Caroline Criado Perez démontre minutieusement, par de très nombreux exemples, que créations et recherches sont adaptées aux normes masculines. Dans le domaine de la santé, elle évoque notamment le cas des crises cardiaques, mal prises en charge chez les femmes car mal diagnostiquées. En effet, comme nous l'avons vu, s'agissant de l'infarctus du myocarde, les femmes ne présentent pas les mêmes symptômes que les hommes mais, dans leur cursus, les étudiants en médecine apprennent à détecter avant tout les symptômes masculins. Ce biais et ce manque de données pourraient avoir des conséquences importantes, alerte l'autrice. À propos de l'utilisation de l'intelligence artificielle en santé, elle cite un article récent qui décrit un algorithme destiné à prédire les crises cardiaques cinq ans avant qu'elles ne surviennent. « L'algorithme a été entraîné sur la base d'études où les hommes étaient prédominants, même si nous savons qu'il existe des différences majeures entre les sexes dans les facteurs de risques de maladies cardiovasculaires tels que le diabète et le tabagisme. Alors, cette intelligence artificielle va-t-elle prédire les crises cardiaques chez les femmes ? C'est impossible à dire,

1. Paru en 2020 aux éditions First. Réédité en poche en 2024.

car le document ne comprend pas suffisamment de données différenciées par sexe », déplore-t-elle.

L'Organisation mondiale de la santé elle-même note l'importance d'avoir de solides bases de données, ventilées par sexe : « Le sexe et le genre interagissent de manière complexe [...] en matière de santé. Le sexe peut avoir des effets sur le risque de développer une maladie, la progression de celle-ci et ses conséquences, par voies génétiques [...], cellulaires et physiologiques, y compris hormonales. Ces voies peuvent produire des différences en termes de susceptibilité de développer une maladie, de progression de la maladie, de traitement et de conséquences sur la santé, et sont susceptibles de varier au cours de la vie. »

## *Pas de données = pas d'argent*

Vous vous demandez peut-être quel est le rapport avec l'argent. On y vient. Problèmes de sous-diagnostic, de sous-prise en charge, problèmes de *sous* tout court, pour faire dans l'humour potache. « En matière de santé des femmes, les problèmes de manque de données coïncident avec le fait qu'il y a moins de produits en développement focalisés sur les femmes », estime le cabinet McKinsey dans un papier sur le sujet[1]. « Sans données permettant de documenter avec précision l'étendue et la nature des pathologies, il existe une base factuelle limitée pour alimenter l'innovation – dans le domaine de la santé des femmes en particulier et dans les sciences de la vie en général. »

Les chiffres sont frappants. Selon le cabinet, 1 % des investissements consacrés à la recherche pharmaceutique sont ainsi dirigés

1. Delaney Burns *et al.*, *Closing the data gaps in women's health*, McKinsey & Company, art. cit.

spécifiquement vers des pathologies féminines, un chiffre qui monte à... 5 % si l'on inclut l'oncologie. Autre chiffre notable : 2 % des dispositifs médicaux nouvellement approuvés sont destinés aux maladies des femmes. En effet, faute de compréhension d'une maladie, de son coût potentiel sur la collectivité, de son impact sur le patient, ni la recherche ni les investissements ne seront incités à s'intéresser à ce domaine.

« Notre compréhension collective de l'importance d'une maladie détermine non seulement les résultats en matière de santé, mais également les décisions d'investissement – et pourtant cette compréhension ne bénéficie pas d'un ensemble complet de données sur les femmes », rappelle McKinsey.

Pour avancer sur une maladie, il faut de la recherche fondamentale puis de la recherche clinique. Tout cela exige de l'argent, beaucoup d'argent. Il faut donc convaincre ceux qui tiennent les cordons de la bourse.

Lorsqu'il s'agit de recherche fondamentale, les scientifiques vont chercher des fonds auprès des grands instituts de recherche. Mais, dans le cas des maladies « féminines », il n'y a quasiment pas de crédits pour la recherche, comme le soulignait Valérie Desplanches, la présidente et cofondatrice de la Fondation pour la recherche sur l'endométriose en France, que nous avons citée auparavant.

Après l'étape de la recherche fondamentale vient celle de la recherche clinique. Et, là aussi, il faut de l'argent. On estime en général que développer un nouveau médicament prend dix ans, et demande des centaines de millions d'euros. Les biotechs, qui n'auront pas de produit à lancer avant au moins une décennie, vont donc devoir parvenir à convaincre les fonds d'investissement. Quant aux laboratoires bien établis, ils ont tendance à préférer se tourner vers des secteurs ultra-porteurs, comme l'oncologie. L'une des raisons est que les médicaments innovants en oncologie – qui coûtent parfois des dizaines de milliers d'euros la dose – sont extrêmement bien pris en charge par les systèmes de sécurité sociale ou les assurances privées dans les pays occidentaux. Même chose pour les maladies rares, qui pour le coup représentent un tout petit marché de patients potentiels, mais pour des tarifs ultra-élevés. Rappelons ainsi que le zolgensma, une thérapie génique aux effets spectaculaires sur l'amyotrophie spinale chez les enfants, se vend deux millions d'euros la dose.

## *Un manque d'intérêt partagé*

Revenons donc à notre 1 % d'investissement. Que la santé des femmes attire aussi peu d'argent laisse songeur, puisqu'il s'agit d'un marché qui concerne potentiellement la moitié de l'humanité. Et notamment la moitié de la population des pays riches, les pays qui sont à même de mettre la main au porte-monnaie pour payer ces avancées, dans un secteur où la notion de retour sur investissement est essentielle. Que l'on ne se méprenne pas : nous sommes infiniment heureuses que de nouveaux médicaments contre le cancer et les maladies rares voient le jour et permettent de sauver des vies. Mais, dans un monde idéal, un tel effort se porterait également vers les pathologies féminines… Ce qui est loin d'être le cas.

L'exemple que nous cite l'investisseuse en sciences de la vie Ksenija Pavletic est à ce titre particulièrement parlant. Ksenija Pavletic est associée du fonds d'investissement français Jeito, spécialisé dans les sciences de la vie. Elle a une grande expérience du secteur, et a notamment dirigé une biotech qui développait alors un traitement contre les fibromes utérins et l'endométriose. Mais, lorsqu'elle a rencontré les autorités de santé pour parler du développement de ce nouveau médicament, ces dernières ont été pour le moins… réticentes, raconte-t-elle. Et ont proposé de rembourser le nouveau produit au même prix que des pilules contraceptives commercialisées depuis longtemps, également utilisées pour traiter les douleurs associées à l'endométriose (une solution qui ne marche pas systématiquement, loin de là).

Savoir dès le départ qu'une nouvelle molécule, si elle parvient à être commercialisée au terme d'une dizaine d'années de développement à perte, n'aura pas plus de valeur qu'un vieux médicament générique datant des années 1990 peut être… dissuasif pour une biotech. Un bel euphémisme. Imaginez que vous ayez comme projet de passer dix ans de votre vie, sans vous verser de salaire, à construire le plus beau palais que l'on ait jamais vu, doté d'équipements dernier cri et de marbre à tous les étages, et qu'un agent immobilier vienne vous dire qu'il est prêt à vendre votre bien pour le prix d'une vieille bicoque. Il y a fort à parier que vous baisseriez les bras avant même d'avoir posé la première pierre.

« L'endométriose est une maladie complexe, rappelle Ksenija Pavletic. Au niveau de la recherche et développement, le processus n'est pas plus simple ni plus court que ce que l'on a fait pour le cancer. Mais, par rapport au cancer, les niveaux d'investissements sont très bas », dit-elle. Certes, « le cancer, on en meurt. L'endométriose, on n'en meurt pas, mais on en souffre ».

Si l'entrepreneuse reconnaît un intérêt grandissant pour la question de la santé des femmes dans les médias, ce n'est qu'un début, d'après elle : « L'évolution médiatique ne suffit pas. La révolution, ce sera quand il y aura une prise de conscience de tous les acteurs de santé. On se rend compte que la santé de la femme est jusqu'ici le vilain petit canard. »

Et d'ajouter : « Aujourd'hui, les autorités de santé considèrent encore certaines maladies des femmes comme des questions de bien-être et non pas comme de vraies pathologies qui pourrissent la vie des femmes. »

Intéressons-nous à ce rapport présenté lors du Forum économique mondial, en janvier 2024[1].

Les start-up ayant levé le plus de fonds ces dernières années dans la santé consacrent notamment leur activité de recherche à la santé masculine érectile. De 2019 à 2023, onze start-up dédiées à la santé des hommes et à la dysfonction érectile ont levé 1,24 milliard de dollars. Dans la même période, huit start-up œuvrant dans le domaine de l'endométriose ont reçu… 44 millions de dollars. Le fossé est immense.

Faute d'investissements massifs, il ne faut donc pas s'étonner d'attendre encore le médicament qui viendra révolutionner la prise en charge de l'endométriose, du fibrome utérin ou du syndrome des ovaires polykystiques. Dans ces conditions, le marché s'est tourné vers des applications sur Internet où l'on n'a pas besoin de faire des essais cliniques. On ne cherche pas de nouvelles thérapies, on cherche des applis qui vont pouvoir aider les femmes à mieux gérer, toutes seules, leurs problématiques. Cela coûte moins cher… mais est-ce aussi efficace ?

1. World Economic Forum en collaboration avec McKinsey, *Closing the Women's Health Gap : A $1 Trillion Opportunity to Improve Lives and Economies*, janvier 2024.

## *Des femmes aux commandes pour faire progresser*

Nous avons aussi pris contact avec Reenita Das, une autre femme qui fait bouger les lignes. Associée et vice-présidente du cabinet international Frost & Sullivan, Reenita se présente comme une « évangéliste » de la santé, et a développé une grande expertise dans la question du financement de la santé des femmes à l'échelle mondiale. Lors d'un entretien depuis Dubaï, elle insiste – déterminée, à la manière d'une businesswoman à l'anglo-saxonne – sur le chemin à parcourir. « Tout reste à faire ! Je crois qu'il y a encore énormément de domaines négligés. La douleur chez les femmes, l'impact des hormones sur la santé, l'impact d'une grossesse précoce sur le reste de la vie… », énumère-t-elle en soupirant.

La spécialiste en veut pour preuve les maladies cardiovasculaires, la principale cause de mortalité chez les femmes. « En termes de recherche, sur 2 milliards de dollars dépensés pour les maladies cardiaques, seulement 20 millions sont consacrés à des projets étudiant spécifiquement la santé cardiovasculaire des femmes. Cela fait 0,17 dollar dépensé par femme contre 4 dollars par homme ! Il faut remédier rapidement à cette disparité », – plaide-t-elle.

Entendre ces chiffres nous a fait grincer des dents, d'autant plus après avoir entendu le témoignage de Clara, notre victime d'AVC.

« Le plus grand défi, ce n'est pas la technologie, parce que nous avons assez de technologies, nous avons assez d'idées, nous avons assez d'entreprises. Je pense que le plus grand défi, c'est la question du financement, assène Reenita Das. Les fonds sont dirigés par des hommes. Et, lorsqu'on leur présente un produit de santé pour les femmes, ils ne le comprennent pas. Nous devons donc, à terme, inciter davantage de femmes à tenir les cordons de la bourse. S'il y a plus de femmes, alors automatiquement il y aura beaucoup plus de financements. »

C'est aussi ce qu'espèrent les principales contributrices du rapport publié par McKinsey en janvier 2024 pour le Forum économique mondial, que nous avons interrogées. « Nous pensons qu'une partie du changement viendra également du fait qu'un plus grand nombre de femmes occuperont des postes de direction et aideront à orienter les investissements vers le bon endroit », estime Anouk Petersen, qui s'est spécialisée dans cette question.

Faut-il par ailleurs compter sur les gros laboratoires, qui financent également la recherche ?

« Ils font partie de la réponse, mais pas seulement eux, relève Lucy Pérez, qui travaille elle aussi sur le sujet pour McKinsey. Parce que, si nous regardons objectivement, certains des grands acteurs pharmaceutiques ont réduit, au sein de leurs portefeuilles, les investissements liés aux maladies spécifiques aux femmes. »

Malgré tout, notre interlocutrice garde espoir. Et de donner cet exemple : « Dans le secteur de l'immunologie, il y a plus d'investissements qu'avant, et on sait que les maladies auto-immunes touchent davantage les femmes. »

## *Un écosystème en mutation*

Des laboratoires de taille moyenne se sont lancés dans ce défi. Organon, par exemple, possède dans son portefeuille plus de 60 médicaments et produits de santé. Ce laboratoire américain créé en 2021 par une scission avec sa maison mère, l'américain Merck (Merck a pour nom « MSD » en dehors de l'Amérique du Nord), se concentre en particulier sur la santé des femmes, nous explique le président d'Organon France, Thibault Crosnier Leconte.

« Il y a trop peu d'investissements faits dans la santé des femmes. Il existe d'énormes besoins en santé publique, avec encore une forte méconnaissance des enjeux de la santé des femmes dans l'industrie pharmaceutique, constate-il. La santé des femmes se trouve au croisement de sujets de santé et de société, nous devons faire alliance avec l'ensemble des acteurs de l'écosystème, de la patiente au décideur public en passant par les professionnels de santé, les industriels, les entreprises. » Le dirigeant reconnaît que la mission d'Organon nécessitera du temps. « Nous sommes là pour durer, pour le long terme. Est-ce que cela sera couronné de succès ? Il est trop tôt pour le dire. »

Mais le vent semble commencer à tourner : début octobre 2024, le laboratoire pharmaceutique français Upsa (vous le connaissez forcément : Efferalgan, Dafalgan, c'est lui) a annoncé l'acquisition de la société monégasque Sérélys Pharma, qui commercialise notamment des produits pour la ménopause. Cette opération, qui permet à Upsa d'entrer dans le marché de la santé des femmes, est le signe que ce segment est en passe de devenir « porteur ».

Pour terminer ce chapitre sur une note encore plus optimiste, nous avons aussi contacté Antoine Papiernik, à la tête du fonds d'investissement Sofinnova, l'un des plus grands fonds européens spécialisés dans les jeunes pousses des sciences de la vie. Antoine Papiernik est aussi, et nous ne pouvons nous empêcher de penser que cela a eu une importance, le fils d'Émile Papiernik, l'un des plus grands obstétriciens en France et le père de l'obstétrique moderne. Ce dernier fut notamment l'un des premiers à mettre en place dans l'Hexagone l'analgésie péridurale pour les parturientes ; il fut aussi l'un des « pères » d'Amandine, le premier bébé éprouvette.

« Il avait fini major de l'internat, nous raconte aujourd'hui son fils. Quand il a choisi l'obstétrique, alors qu'il aurait pu faire toutes sortes d'autres spécialités, les gens étaient interloqués, on l'a traité de fou », raconte-t-il en s'esclaffant.

Heureusement, les choses ont changé, pour les parturientes comme pour la façon dont la santé des femmes commence à être considérée. « Il y a dix ans, si vous alliez voir un groupe pharmaceutique en parlant de médicaments féminins, on vous fermait la porte au nez. Aujourd'hui, il existe un réel intérêt. Les laboratoires qui ne s'y intéressaient pas s'y intéressent désormais », témoigne le président de Sofinnova.

Antoine Papiernik a notamment investi dans une biotech, May Health, laquelle développe un traitement pour le syndrome des ovaires polykystiques, la première cause d'infertilité chez les femmes. « Quand vous ne cherchez pas de solutions, vous ne risquez pas de les trouver », martèle-t-il. Le dirigeant reconnaît qu'« on en est au début de l'évolution. On a fait de gros progrès, il faut s'en réjouir. Il y a une accélération, mais qui prend du temps, le temps de la recherche scientifique. Il faut de la science fondamentale, il faut comprendre les mécanismes d'une pathologie, ensuite trouver des solutions thérapeutiques, cela prend quinze, vingt ans, explique-t-il. Maintenant qu'il y a une prise de conscience, des gens vont se pencher sur le sujet, et ces gens vont trouver des solutions ».

# Produits médicaux : l'empire du flou

Il faut de l'argent pour trouver des solutions. Beaucoup d'argent. Parallèlement, des entrepreneurs pas toujours rigoureux ont vu la manne que représentent les besoins en santé des femmes. À la clé, peu de preuves scientifiques, mais beaucoup de produits de bien-être.

En 1995 paraît sur les écrans de cinéma un thriller terrifiant, responsable de bien des cauchemars. Avec *Seven*, le réalisateur américain David Fincher met en scène un tueur en série, fin connaisseur des péchés capitaux. L'épilogue a laissé des traces dans les mémoires des spectateurs normalement constitués : souvenons-nous de ce moment terrible où l'un des policiers, incarné par Brad Pitt, se rend compte que sa bien-aimée, jouée par Gwyneth Paltrow, a été assassinée par le tueur… et découvre ce qu'on imagine être la tête blonde de son grand amour dans un colis.

En réalité, qu'on se rassure, Gwyneth Paltrow a gardé la tête sur les épaules. La star hollywoodienne est même devenue en quelques années un gourou planétaire du bien-être, à la tête d'un empire international dénommé Goop. Et nous avons été pour le moins intriguées lorsque nous avons commencé à consulter le site

Internet de la firme. On vous incite à en juger par vous-mêmes. Attention, la consultation du site – léché, glamour – peut vous occuper facilement tout un après-midi, et vous révéler des usages et des objets auxquels vous n'auriez jamais pensé. Chez Goop, on trouve de tout ou presque. Des soins pour la peau à 100 dollars. De l'électroménager ultra-design (mais le plat à four blanc cassé avec ses poignées dorées à 150 dollars est épuisé). Des articles écrits par des sexologues, et toutes sortes de choses pour ce secteur de l'économie que l'on baptise « *wellness* » ou bien-être. Un secteur qui prend un poids certain : selon des chiffres du Global Wellness Institute, l'économie du bien-être représentait en 2022 5,6 milliers de milliards de dollars, rien que ça. Davantage que le PIB de l'Allemagne.

Toutefois, le plus intéressant sur le site Goop nous a semblé être ce petit texte : « *These statements have not been evaluated by the Food and Drug Administration. This product is not intended to diagnose, treat, cure, or prevent any disease.* » Autrement dit, les déclarations figurant sur ce site n'ont pas été évaluées par la FDA, l'autorité de santé américaine, et ces produits ne visent pas à diagnostiquer, traiter, soigner ou prévenir la moindre maladie. Voilà, les mots ô combien vulgaires ont été prononcés : « autorité de santé ». Car, on le rappelle, tout produit en lien avec la santé doit être testé et son efficacité prouvée cliniquement avant sa mise sur le marché, que ce soit aux États-Unis ou en Europe. Mais, dans le monde du bien-être, on affirme le plus souvent sans prouver, là où d'autres se cassent les dents en cherchant à développer des produits qui, eux, fonctionnent de façon certaine.

En 2018, la société Goop, maintes fois accusée de publicité mensongère, a été condamnée par un tribunal à payer 145 000 dollars d'amende. En cause, ses œufs vaginaux de jade et de quartz censés « prévenir les fuites urinaires, aider au rééquilibrage hormonal et… préserver de la dépression ».

« La santé et l'argent des habitants du comté de Santa Clara ne devraient jamais être mis en danger par une publicité trompeuse, a affirmé le procureur du comté, Jeff Rosen, dans une déclaration écrite. Nous protégerons avec vigilance les consommateurs contre les entreprises qui promettent des bienfaits pour la santé sans le soutien de la bonne science... ou de n'importe quelle science[1]. »

Sur son site, Goop propose toujours des œufs vaginaux. Mais, désormais, sans argument mettant en avant la santé des utilisatrices.

## *Bien-être version européenne*

Vous pourriez penser que ce genre de pratiques n'a lieu qu'aux États-Unis, temple absolu pour les marchands de bien-être ? Pas du tout. Des pratiques semblables se retrouvent de ce côté-ci de l'Atlantique, où la frontière entre bien-être et santé est parfois poreuse et laisse la place à beaucoup d'affirmations. Il s'agit même de l'une des raisons qui nous ont poussées à nous lancer dans cette enquête, tant nous avons reçu de communiqués de presse remplis de promesses sans fondement scientifique. Citons, par exemple, ce site nous vantant les bienfaits d'un pantalon spécial endométriose, pour les « endogirls » cherchant du confort. Sur un autre site, il nous est proposé des patchs menstruels à base de CBD : à la clé, « apaisement sur le bas-ventre, les lombaires, ou toute autre zone douloureuse pendant les règles, l'ovulation, le syndrome pré-menstruel, ou toute autre douleur ». Les huit patchs sont facturés environ 25 euros.

1. « Gwyneth Paltrow's Goop pays $145,000 in vaginal egg lawsuit », *BBC*, 5 septembre 2018.

Le site renvoie vers quelques études scientifiques, dont l'une semble prometteuse[1]. Dans cet article, les chercheurs ont étudié les effets de l'utilisation du cannabidiol dans le traitement de l'endométriose. Les auteurs concluent notamment qu'avec l'administration de cannabidiol les lésions dues à l'endométriose semblent plus petites. L'entreprise proposant ces patchs menstruels à base de CBD, qui dit se spécialiser dans cette pathologie, en déduit que « cet article met l'accent sur les effets anti-inflammatoires, anti-oxydants et analgésiques du cannabidiol (CBD) et sur son rôle potentiel dans l'endométriose. L'administration de CBD a fortement réduit le diamètre, le volume et la surface des lésions ».

Ce qui ne nous est pas dit, en revanche, c'est qu'il s'agit d'une étude menée… sur des rats. Nos demandes de précisions sont restées sans réponse. Tout juste peut-on voir cet avertissement sur le site de l'entreprise : « Ce produit n'est pas un médicament. Il n'a aucune visée de traitement. Si tu constates des symptômes, il est conseillé de consulter un médecin directement. »

Nous avons demandé son avis au Pr Mathieu Molimard, chef du service de pharmacologie du CHU de Bordeaux, à l'occasion d'un reportage dans son établissement. Nous avons cherché avec lui toutes les études existant dans la littérature scientifique sur le lien entre CBD et endométriose.

À la vitesse de l'éclair, le professeur a pianoté sur le moteur de recherche de la base de données américaine PubMed, qui recense des millions d'études scientifiques, ces trois mots : « CBD and endometriosis ». Patiemment, le Pr Molimard a parcouru une à

1. Tiziana Genovese *et al.*, « Molecular and biochemical mechanism of cannabidiol in the management of the inflammatory and oxidative processes associated with endometriosis », *International Journal of Molecular Science*, mai 2022.

une les quelques études qui se sont affichées sur son ordinateur… « Cette revue, je ne la connais ni d'Ève ni d'Adam, donc il faut être prudent », marmonne-t-il… Avant de conclure : « Je n'ai des données que chez l'animal, que je ne sais pas évaluer car je ne connais pas leur modèle. Donc, pour l'instant, il y a certes une hypothèse, mais je n'ai rien trouvé en termes d'essais cliniques chez l'homme ! À part une étude sur le cannabis, qui n'est pas du CBD. Rien de tout cela n'a été testé sur les femmes. »

En résumé, le CBD sera peut-être efficace chez l'humain, mais cette efficacité n'a pas été prouvée scientifiquement, jusqu'à maintenant. On le voit, nous nageons dans un flou immense, qui peut inciter des femmes à acheter des produits de bien-être en espérant être soulagées de leurs symptômes, sans aucune assurance scientifique que ce soit bien le cas. Tant que les entreprises vendant ces articles spécifient qu'elles ne proposent pas des produits de santé, elles sont couvertes légalement. Et pourtant les consommatrices, elles, espèrent bien que leurs achats vont améliorer leur état de santé : c'est bien pour cela qu'elles sont prêtes à dépenser des dizaines, voire des centaines d'euros, n'est-ce pas ? Nous avons contacté le ministère de la Santé pour l'interroger sur la question. La réponse est éclairante.

« Dans une démocratie, il y a la liberté d'entreprendre, nous précise Christine Jacob-Schuhmacher, cadre à la Direction générale de la santé, l'une des sous-directions du ministère. Sur des produits destinés à la santé, il existe déjà un cadre, celui des réglementations pour les médicaments et les dispositifs médicaux. Ces réglementations sont appliquées », dit-elle. Tout en reconnaissant qu'il existe des produits aux contours flous, entre santé et bien-être. « C'est problématique, mais le ministère de la Santé n'a pas les moyens de faire le tri, nous n'avons pas de base juridique pour les bannir. Parce qu'on est une démocratie, on ne peut pas interdire ces compléments alimentaires ou ces offres-là.

En revanche, il est de notre rôle de dire ce qui est vraiment important, d'améliorer les connaissances des Françaises sur leur santé et de faire de la prévention. »

## *Des études cliniques nécessaires*

Les produits liés à la santé des femmes manquent-ils pour autant systématiquement de rigueur scientifique ? En réalité, les entreprises qui réalisent des essais cliniques en bonne et due forme sont nombreuses, en particulier pour des dispositifs médicaux qui seront remboursés. Elles sont même de plus en plus nombreuses. Le marché des femtechs (cette contraction de « *female* » et de « *technology* » désigne les technologies, produits et services innovants qui ont pour point commun de chercher à améliorer la santé des femmes) est promis à un bel avenir. En 2019, il représentait près de 19 milliards de dollars, et devrait atteindre 75 milliards de dollars en 2025, selon des estimations du site spécialisé FemTech Analytics.

Nous sommes par exemple allées à la rencontre de Lattice Medical, une entreprise lilloise dite de medtech, c'est-à-dire spécialisée dans les dispositifs médicaux. Leurs locaux n'ont rien de très impressionnant a priori lorsque l'on y pénètre un matin de printemps. Mais ce qui se passe dans ces salles pourrait présenter un intérêt indéniable pour les femmes. C'est ici que la jeune pousse met au point des prothèses mammaires. Mais attention, pas des prothèses en silicone : des prothèses naturelles, qui permettraient potentiellement de reconstruire un sein sans implantation de substance étrangère après une mastectomie. Cette innovation, s'il est prouvé qu'elle fonctionne et n'a pas d'effet indésirable majeur, pourrait présenter une voie inédite pour les nombreuses femmes qui doivent subir une ablation dans le cadre d'un cancer du sein. (Mesdames, faites-vous tester régulièrement !)

Reprenons les bases, pour bien comprendre de quoi nous parlons. En cas d'ablation du sein, il existe aujourd'hui quelques techniques éprouvées pour reconstruire. D'abord, les implants en silicone.

Ensuite, il existe des procédures dites « autologues » (lorsque le receveur et le donneur d'une substance organique ou d'une greffe sont une seule et même personne). L'une d'entre elles consiste à prélever un lambeau de gras ou de muscle sur une autre partie du corps de la patiente, puis à l'utiliser pour reconstruire son sein. La technique présente l'avantage de ne pas injecter de substance étrangère dans le corps de la patiente. Mais elle signifie que cette dernière, déjà durement éprouvée par sa chirurgie, va devoir subir d'autres opérations, entraînant d'autres cicatrices sur d'autres parties de son corps.

Les chirurgiens peuvent aussi utiliser des cellules graisseuses de la patiente, prélevées sur les zones de stockage des graisses du corps, puis les réinjecter progressivement dans le sein de la patiente pour le reconstituer. Cette technique efficace implique là aussi davantage de procédures pour une femme qui a déjà subi, à ce stade, nombre d'opérations.

C'est là que réside la beauté du projet de Lattice Medical, qui s'expose dans la salle d'imprimantes 3D que nous visitons. Car la start-up ambitionne de faire se régénérer un sein naturellement, grâce à une bioprothèse.

Cette prothèse consiste en un socle surmonté d'un dôme, qui a la forme d'un sein. En le regardant, on dirait presque une coque de soutien-gorge, sauf qu'ici la matière utilisée n'est pas de la dentelle mais un biopolymère composé essentiellement d'acide lactique, qui doit naturellement se résorber, une fois dans le corps, en dix-huit à vingt-quatre mois. « Un peu du tissu adipeux de la patiente est d'abord suturé sur ce socle. Puis on le referme avec le dôme : une fois implanté, le tissu se régénère à l'intérieur, protégé comme dans une cage », nous explique Julien Payen, ingénieur de formation, qui a fondé la start-up en 2017 avec deux médecins et un chirurgien plasticien du CHU de Lille.

Si l'essai clinique est concluant, les femmes qui ont dû subir une ablation du sein pourraient voir leur vie transformée.

Mais, avant cela, il va falloir tester, produire des données qui seront ensuite analysées. Un essai est en cours et devrait être finalisé en 2028 : après avoir démarré en Géorgie, il a été étendu à la France, et va permettre d'étudier la bonne reconstitution du sein, et la bonne tolérance des patientes à cette bioprothèse.

## *La question cruciale du financement*

Laissons un instant les seins, et partons de l'autre côté de la France, à Strasbourg, cette fois-ci pour parler de vagins. Nous ne sommes pas allées dans les locaux de Fizimed, mais nous avons parlé à la fondatrice de cette start-up à plusieurs reprises. Émeline Hahn a créé sa société en 2017 sur un constat, nous dit-elle. « Une femme sur trois a des fuites urinaires à un moment dans sa vie, après une grossesse ou plus tard. Les kinés nous disaient que la prise en charge existait mais qu'elle n'était pas idéale, car souvent les femmes n'ont pas le temps d'aller à leurs rendez-vous. » Et ce d'autant moins lorsque la prunelle de vos yeux accapare tout votre temps ou que votre travail prend toute votre énergie, ou, comme c'est souvent le cas, les deux à la fois.

Pour faciliter l'accès à la rééducation du périnée, Fizimed a développé un dispositif médical qui peut être utilisé à la maison. L'objet se présente comme une petite sonde connectée à une application mobile. L'utilisatrice, une fois qu'elle a introduit l'objet dans son vagin, se voit proposer des exercices, du type faire décoller une fusée ou attraper des ballons, toutes sortes de choses que les ex-parturientes connaissent bien de nos jours (en revanche, n'essayez pas de savoir si votre mère a réussi l'exercice du ballon, vous seriez mal reçue).

Émeline Hahn a un parcours scientifique : elle a d'abord effectué un master en sciences de la vie, puis un master en management de la santé. Elle a ensuite accompagné des start-up dans le domaine de la santé, avant de démarrer son projet avec deux ingénieurs et un kinésithérapeute. Lancée fin 2018, la sonde de Fizimed revendique 350 000 utilisatrices dans plusieurs pays du monde. La start-up a mené un premier essai clinique, réalisé en partie grâce à un financement de la Région Grand Est et du ministère de l'Enseignement supérieur, de la Recherche et de l'Innovation.

Le processus des essais cliniques est long, explique Émeline Hahn. « Cela coûte plusieurs centaines de milliers d'euros avant même d'inclure les patientes, il y a plus de six mois de démarches administratives pour passer devant le comité éthique des droits des personnes. Ensuite, il faut déposer des autorisations, puis on inclut les patientes, puis on publie les résultats. »

Julien Payen, lui, a fait un appel aux dons pour financer son essai clinique dans un premier temps. Il raconte lui aussi un processus lourd à mener jusqu'au bout. « Ce n'est pas facile de faire certifier son dispositif médical par l'Union européenne, puis de le faire rembourser. En termes de respect de la réglementation, il n'y a aucune différence entre une petite et une grosse entreprise, la loi est la même pour tous. Mais évidemment lorsque vous êtes une grosse entreprise et que vous avez de la trésorerie devant vous, c'est plus simple de prendre le temps et d'absorber ces dépenses additionnelles durant des années. »

L'entrepreneur estime qu'un dispositif médical dit de rupture, pour lequel il n'y a aucune autre référence, nécessite un délai compris entre sept et dix ans pour obtenir le marquage « CE », la validation qui va permettre sa commercialisation en Europe.

En résumé, faire les choses bien prend du temps et de l'argent. Mais parvenir au stade du marquage « CE » ne signifie pas pour autant que le parcours du combattant est terminé. Car, pour être remboursé, un dispositif doit en plus être considéré comme absolument essentiel pour la santé des populations – et c'est bien normal. Il faut donc que les entrepreneurs contactent les autorités de santé (en France, la Haute Autorité de santé ou HAS) et leur présentent toutes les données cliniques qui ont été récoltées lors d'essais sur l'homme. Le hic, c'est que tous les acteurs du secteur ne s'embarrassent pas forcément de tout ce processus. Car réaliser un essai coûte cher. « On parle de plusieurs millions d'euros, précise Julien Payen. Quand vous lancez un produit, vous avez plusieurs années de délai pour le développer : c'est un pari, car au début on ne sait pas s'il va marcher ou pas. »

Dès lors, pourquoi payer cher une étude, et prendre un tel niveau de risque financier, quand on peut simplement affirmer que tel produit va avoir des effets bénéfiques sur votre santé via du marketing habilement ficelé ? « Dans le domaine de la santé, sans essai clinique, on n'a pas le droit d'affirmer que tel ou tel produit va guérir telle ou telle pathologie. Mais le consommateur non averti ne verra pas forcément la différence », alerte Émeline Hahn.

Cet écueil n'est pas nouveau, et n'est pas limité à la santé des femmes. On se souviendra de l'exemple hallucinant de la jeune entrepreneuse américaine Elizabeth Holmes, à la tête de la start-up Theranos, qu'elle avait fondée. La jeune femme avait réussi à persuader des investisseurs de poids de l'importance de ses appareils censés révolutionner les analyses biologiques médicales. En réalité, la technologie miraculeuse n'existait pas, et les tests sanguins étaient faits à partir de machines classiques. Elizabeth Holmes, qui avait atteint les sommets de la finance et de la gloire durant quelques années, a été condamnée en justice, et son histoire a même fait l'objet d'une série sur les plates-formes télé.

S'il n'est nul besoin de se montrer aussi machiavélique, il n'en reste pas moins que, en termes de dispositifs médicaux, le grand flou des affirmations plus ou moins sérieuses, plus ou moins validées scientifiquement, s'apparente au brouillard sur un sommet vosgien au mois de novembre : très, très prégnant. Si le marketing suit, malheureusement, il y a fort à parier que cela fonctionnera.

### *Le scandale PIP*

Pour l'instant, nous restons encore dans le domaine du flou lorsque les entrepreneurs jouent sur la distinction peu claire entre bien-être et santé pour promouvoir leurs produits de la façon la moins coûteuse possible. Malheureusement, parfois, le flou devient franchement délictuel, et les fausses assertions concernant la santé des femmes ont fait bien des dégâts. Et c'est ainsi que nous revenons à nos histoires de prothèses mammaires, avec l'un des plus grands scandales sanitaires au monde. Les prothèses PIP, ça vous rappelle quelque chose ? Ces prothèses ont été développées par Jean-Claude Mas, ancien épicier, fondateur entre autres de la société Poly Implant Prothèse, installée dans le Var.

À son apogée, PIP fut l'une des plus grandes entreprises d'implants au monde, un exemple du savoir-faire industriel français, en quelque sorte (cocorico !). Le souci, c'est que les pratiques de la société étaient illégales, et qu'en termes de santé les actions illégales ont un effet souvent catastrophique.

Le scandale éclate en 2010. En mars, l'Agence de sécurité sanitaire française annonce que les prothèses PIP sont retirées du marché en raison d'un taux anormal de ruptures et de l'utilisation d'un gel « différent de celui déclaré lors de la mise sur le marché ».

Rapidement, en France, des centaines de femmes porteuses de ces prothèses portent plainte. Après le décès par cancer de l'une d'entre elles, la justice ouvre une information judiciaire. Il s'avère que PIP a fabriqué, commercialisé et vendu à des milliers de femmes des prothèses mammaires sans respecter les normes sanitaires, utilisant un gel en silicone industriel à bas coût – employé normalement pour la fabrication d'équipements électroniques. Il faut savoir que les entreprises du dispositif médical doivent envoyer un dossier à un organisme certifié, l'un de ceux approuvés par les autorités sanitaires européennes à examiner et valider les dispositifs médicaux. PIP avait fait certifier son produit par l'organisme certificateur allemand TÜV Rheinland, mais en le trompant sur la composition de son gel en silicone.

Pour cette raison, en 2016, Jean-Claude Mas a été condamné à quatre ans de prison ferme pour fraude aggravée et escroquerie à l'égard de la société de certification TÜV. À sa mort à l'âge de 79 ans, en 2019, il était toujours mis en examen dans deux autres procédures, dont l'une pour homicide et blessures involontaires. De son côté, TÜV Rheinland a, elle aussi, été condamnée par la justice française « pour avoir manqué à ses obligations de contrôle, de prudence et de vigilance dans l'exercice de sa mission ». On estime à 400 000 le nombre de femmes victimes des prothèses PIP dans le monde.

## *Les « Implant Files »*

Les acteurs du dispositif médical que nous avons contactés pour ce livre ont tous insisté sur le fait que la fraude était avérée dans le cas des prothèses PIP, et que Jean-Claude Mas avait la volonté délibérée de tromper à la fois l'organisme certificateur et les autorités de santé. Ils en déduisent que, lorsque tout est fait dans les règles, il n'y a pas de crainte à avoir. A priori. Mais, en 2018, nouveau coup dur pour toute la filière lorsque le Consortium international des journalistes d'investigation sort les « Implant Files ». Cette enquête gigantesque met alors au jour des contrôles de sécurité insuffisants pour les dispositifs médicaux. Or, rappelons-le, nombre de dispositifs finissent dans notre corps (stents, implants vaginaux, prothèses de genou… la liste est très, très longue). Peut-on imaginer, lorsque l'on va se faire poser un stérilet (ou tout autre produit implantable), que celui-ci n'a pas été évalué dans les meilleures conditions possibles ? C'est pourtant ce qui est arrivé.

L'affaire des Implant Files a eu un grand retentissement. Et notamment sur l'utilisation de certains implants, comme les implants mammaires dits texturés, à l'origine du développement du lymphome anaplasique à grandes cellules[1]. Ces derniers ont été peu à peu interdits en Europe, puis dans d'autres pays. Autre conséquence, la création au niveau européen d'une base de données, Eudamed, contenant les données cliniques, les informations sur les rappels de produits ou les incidents liés aux dispositifs.

Une nouvelle réglementation européenne a par ailleurs été mise en place pour faire le ménage dans le secteur. La Commission

1. Solenne Le Hen, « Le médecin qui avait lancé l'alerte sur les prothèses PIP dénonce la dangerosité de nouvelles prothèses mammaires », *Franceinfo.fr*, 27 septembre 2018.

européenne a adopté en 2017 un règlement visant à consolider un cadre réglementaire rigoureux pour les dispositifs médicaux, « qui garantisse un niveau élevé de sécurité et de protection de la santé tout en favorisant l'innovation ».

Ce règlement est applicable depuis le 26 mai 2021, avec une période de transition. Avec lui, tous les dispositifs médicaux déjà commercialisés doivent de nouveau être certifiés. « Cette nouvelle réglementation a augmenté tous les niveaux de démonstration et a même ajouté des exigences. Il faut que tous les anciens produits sur le marché depuis des années repassent en validation, et l'on parle de 500 000 produits », fait valoir le Snitem, le Syndicat national de l'industrie des technologies médicales.

En outre, « le niveau d'exigence a augmenté pour les fabricants mais aussi pour les organismes notifiés, notamment en ce qui concerne leur démonstration de compétence. C'est-à-dire que les personnels doivent avoir un parcours beaucoup plus codifié qu'avant et ils doivent le démontrer à l'autorité compétente et à la commission », précise le Snitem.

En résumé, les certificateurs doivent être… plus compétents. Et, pour cela, les organismes chargés d'examiner les dispositifs ont donc à recommencer la procédure d'habilitation au titre de cette nouvelle réglementation. Un processus long et complexe, avec pour conséquence la baisse du nombre d'organismes habilités dans l'Union européenne : 39 organismes en 2024, contre 80 quelques années auparavant. Les acteurs se plaignent que c'est trop peu et se retrouvent confrontés à des listes d'attente très longues. Mais il n'est pas interdit de penser que certains des organismes qui ont disparu… devaient disparaître.

*Implants pelviens*

Enfin, on ne saurait parler de dispositifs médicaux sans évoquer le cas des implants vaginaux, commercialisés par de grands laboratoires. L'affaire a une portée internationale, et a touché la France, comme d'autres pays. Pour traiter l'incontinence urinaire chez les femmes ainsi que la descente d'organes, des dispositifs pelviens, appelés « mesh », ont été implantés à des milliers de patientes à partir des années 1990. Il s'agit alors de bandelettes en polypropène et de renforts pelviens.

Mais les patientes ont commencé à faire remonter des cas d'incontinence, d'infections, de saignements et de douleurs parfois insupportables. Les mesh pouvaient s'éroder, nécessitant de nouvelles opérations chirurgicales. Pire, lorsque les patientes demandaient aux chirurgiens de les ôter, ce n'était pas toujours possible. Une fois implanté, le dispositif se mêle à la chair de la patiente et devient difficile à retirer. Mais ces informations cruciales n'avaient le plus souvent pas été données aux patientes en amont.

Plusieurs laboratoires, poursuivis en justice, ont été condamnés. En 2014, par exemple, l'entreprise américaine Endo Health Solutions a conclu un accord de près de 1 milliard de dollars pour mettre fin à 20 000 poursuites. En 2021, la société américaine Boston Scientific a conclu le même type d'accord. La compagnie était accusée par la justice d'avoir « présenté des informations déformées sur la sécurité et l'efficacité des prothèses en omettant de divulguer suffisamment les risques associés à leur utilisation[1] ». L'année précédente, Johnson & Johnson avait également été condamnée à payer 344 millions de dollars pour une affaire de

1. « Prothèses vaginales : Boston Scientific paie 189 millions de dollars », dépêche *AFP*, 23 mars 2021.

publicité trompeuse et mensongère lors de la commercialisation d'implants pelviens.

On notera au passage le délai entre la prise en compte des problèmes liés à ces implants et les premières alertes. Aux États-Unis, l'autorité sanitaire FDA avait, face aux rapports de complications qui lui étaient adressés, publié un avis de santé publique prévenant les soignants et les patientes des risques potentiels liés à ces dispositifs dès la fin des années 2000. Dans un document d'octobre 2008[1], l'agence explique ainsi noir sur blanc qu'un millier de complications lui ont été signalées. Et non des moindres.

Ainsi, dit la FDA, les complications les plus fréquentes étaient les suivantes : érosion de l'épithélium vaginal, infection, douleur, troubles urinaires, problèmes de récidive du prolapsus et/ou incontinence.

Des cas de troubles intestinaux, vésicaux et de perforation des vaisseaux sanguins lors de l'insertion de l'implant ont aussi été rapportés.

La FDA encourageait dès lors les médecins à informer les patientes que l'implantation d'un dispositif était permanente, à les informer également du « risque de complications graves et de leurs effets sur la qualité de vie, notamment de douleurs pendant les rapports sexuels, cicatrices et rétrécissement de la paroi vaginale ».

Tout ceci semble très clair. Et pourtant c'est seulement en 2019, plus de dix ans plus tard, que la FDA interdit la vente de prothèses posées par voie vaginale aux États-Unis. Quant à la France, elle a suspendu les implants pour le prolapsus posés par

1. http://www.amiform.com/web/documents-risques-op-coelio-vagi/fda-notification-about-vaginal-mesh.pdf

voie vaginale en 2019. En revanche, ceux posés par voie abdominale et les bandelettes sous-urétrales sont toujours autorisés. La Commission nationale d'évaluation des dispositifs médicaux et des technologies de santé a demandé une étude spécifique pour les bandelettes sous-urétrales, avant le renouvellement (ou non) de leur autorisation en 2025.

# La jungle des applis de règles

Leïla nous interpelle au détour d'un couloir de France Info : « Vous n'avez pas encore vu mon bébé ? » Les yeux pétillants et le ventre déjà très rebondi, Leïla farfouille dans son téléphone. « Ah, le voilà. Regardez, c'est ma dernière échographie. On voit bien sa tête. »

Leïla possède une ribambelle d'applis santé, alimentées par ses données (très) personnelles, qui suivent jour après jour les moindres détails de sa grossesse. Elle nous assure ne pas voir d'inconvénient à leur donner autant d'informations.

Même chose pour l'une de nos amies, Karine, 56 ans, quand elle nous envoie la capture d'écran d'une application de suivi des règles. S'y affiche ce texte : « 365 jours sans règles ». « Ça y est, je fête ma ménopause », écrit Karine, avec force émoticônes rieurs.

Comme Karine et Leïla, des dizaines de millions de femmes possèdent aujourd'hui sur leur téléphone des applis dédiées à leur santé. Les plus téléchargées sont sans conteste celles qui suivent les cycles menstruels. Elles existent par centaines, regroupées sous le terme de « menstrutechs ». « Quand des entrepreneuses viennent nous voir, on les dissuade de se lancer dans les applis sur la fertilité, la santé reproductive et les règles, raconte Delphine Moulu, cofondatrice de Femtech France. Il y en a trop, le marché est saturé. » Un marché néanmoins florissant : pour la première fois, l'une de ces entreprises, Flo Health, a acquis en 2024 le statut très envié de « licorne », c'est-à-dire qu'elle est désormais valorisée en Bourse à plus de 1 milliard de dollars.

Ces applis assurent prédire la prochaine date d'arrivée des règles, mais aussi la date d'ovulation (et donc la période de fertilité). Selon les désirs des utilisatrices, l'objectif est ensuite de favoriser ou, au contraire, d'éviter une grossesse. Toutes font la même promesse : aider les utilisatrices à mieux comprendre leur corps et encourager l'« *empowerment* », autrement dit, l'autonomisation d'une femme conquérante. Les scandales des implants contraceptifs Essure et des pilules dites « de 3e génération » dans les années 2010, qui ont entraîné de graves effets secondaires chez certaines utilisatrices, ont aussi accru la méfiance de nombreuses femmes envers ces moyens de contraception, les plus massivement utilisés. « Il y a dans l'air du temps une demande d'un autre type de contraception, plus naturelle que la contraception hormonale ou les dispositifs implantés, explique Catherine Vidal, neurobiologiste et membre du comité d'éthique de l'Inserm, pour lequel elle a corédigé une note sur les menstrutechs[1]. Et ces applis sont censées y répondre », nous explique celle qui est une référence lorsqu'on parle de santé des femmes.

1. Catherine Vidal, Jennifer Merchant, *Enjeux éthiques de l'usage des applications numériques de suivi menstruel à des fins de contraception ou de conception*, Inserm, septembre 2022.

Parmi les applis de règles les plus connues : Flo, Glow, Natural Cycles, Suivi des règles et d'ovulation (de Simple Design Ltd) et Clue. Nous les avons testées, et vous proposons de suivre les pas de Solenne lors de la découverte de ces applications dédiées au suivi des règles.

Je télécharge et ouvre d'abord l'application Suivi des règles et d'ovulation, impatiente de savoir jusqu'où cette expérience va me mener. Comme tout le monde, je consens sans même les lire aux conditions d'utilisation et à la politique de confidentialité (on y reviendra plus tard), impatiente de plonger dans ce monde merveilleusement rose et girly. Dès la première étape, l'appli me propose de choisir mon avatar, une licorne ou un chaton. Mais concentrons-nous. Pour en savoir davantage sur ma prochaine date de règles, je remplis mon profil et précise les dates de mes règles des deux derniers mois. Je réitère l'opération sur quatre autres applications, qui, à quelques nuances de rose près, se ressemblent fortement les unes les autres.

Je me donne six mois. Six mois pendant lesquels je vais renseigner chaque jour mon profil de tout un tas d'informations plus ou moins surprenantes. Suis-je stressée ? Constipée ? Ai-je de l'acné ? Mal au dos ? Je ne peux m'empêcher d'éprouver un certain scepticisme à l'idée de consigner ces données très personnelles, mais je m'y soumets, déterminée à avancer dans notre enquête. L'une des applications me demande ma température, une bonne vieille méthode Ogino 2.0, en quelque sorte[1] (je n'aime pas

1. Le gynécologue japonais Kyusaku Ogino développe dans les années 1920 une méthode de contraception qui consiste pour un couple hétérosexuel à éviter les rapports sexuels lorsque la femme arrive dans la période fertile de son cycle. Pour déterminer les périodes ovulatoires, elle doit prendre sa température tous les matins pour déceler des variations.

divulgâcher, mais trois jours de prises fastidieuses de température suffiront à venir à bout de ma bonne volonté). Une autre appli me réclame un compte rendu quotidien de ma sexualité : fréquence des rapports ? Pratiques ? Masturbation ? Sexe oral ? Anal ? Orgasme ? Pulsions ?... Je vacille quand l'application Glow m'invite à analyser chaque jour la texture de ma glaire cervicale... J'ai le choix entre : sèche, collante, aqueuse, blanc d'œuf cru (véridique !) et crémeuse. À vrai dire, difficile de choisir... « Dans la réalité, examiner sa glaire cervicale tous les matins et prendre sa température avant de se lever, à la même heure, est loin d'être réalisable de façon rigoureuse », souligne Catherine Vidal. Son enquête pour le comité d'éthique de l'Inserm montre que les techniques proposées par ces applis ne sont pas fiables[1]. « Elles ne peuvent pas être des méthodes de contraception en tant que telles ! »

La preuve en est que, sur cinq applications téléchargées et auxquelles j'ai fourni les mêmes données, deux seulement s'accordent sur la date de mes prochaines règles... avec une marge pouvant aller jusqu'à trois jours d'une application à l'autre. Cela commence mal, si les déesses de la tech ne sont pas d'accord entre elles.

Au fil des mois suivants et malgré la rigueur avec laquelle je consigne jour après jour les données, le constat se confirme : les prévisions des différentes applis quant à la date de début de mes règles se contredisent et ne tombent pas toujours juste. J'ai l'impression d'assister à une grande loterie.

Je décide alors de me tourner vers les études scientifiques, qui corroborent par dizaines mon expérience personnelle. Pour n'en citer qu'une : Robert Setton, gynécologue new-yorkais, a étudié

1. Catherine Vidal, Jennifer Merchant, *Enjeux éthiques de l'usage des applications numériques de suivi menstruel à des fins de contraception ou de conception*, *op. cit.*

33 applis de menstrutech pour la revue scientifique américaine *Obstetrics & Gynecology*[1]. Seules trois se sont révélées fiables, un résultat médiocre de moins d'une sur dix. Les plus critiquées par la littérature scientifique sont celles qui se contentent d'être de simples calendriers, car l'assertion faisant du 14e jour du cycle le début systématique de la phase d'ovulation est aujourd'hui largement décriée. Même les femmes aux cycles réguliers ont des jours d'ovulation variables. Un rapport technique de l'association de défense des libertés numériques Electronic Frontier Fondation a analysé plusieurs dizaines d'applis de fertilité et de suivi des cycles et en conclut que « beaucoup d'entre elles semblent avoir été écrites et conçues de façon très rapide[2] ».

Décontenancé, le Dr Michel Mouly trouve la confiance des femmes dans ces applis « incroyable ». Nous interviewons ce gynécologue médiatique à l'occasion de la promotion d'un de ses livres destinés au grand public, et en profitons pour discuter avec lui de ces applications. « Certaines de mes patientes viennent me dire : "Docteur, je n'arrive pas à tomber enceinte." Je les examine, et je leur annonce qu'elles sont en pleine période d'ovulation. Et là, elles me disent : "C'est impossible, mon appli sur mon téléphone me dit le contraire." Voici ce que je leur réponds : "Non, madame, vous êtes au 7e jour de votre cycle, et je vous affirme que vous avez une ovulation précoce. Votre appli vous raconte n'importe quoi, elle part du principe que vous ovulez systématiquement au 14e jour, ce n'est pas étonnant que vous n'arriviez pas à avoir d'enfant. C'est ce soir que vous devez avoir un rapport sexuel." Résultat, quand elles viennent consulter la fois suivante, la plupart sont enceintes. »

1. Robert Setton, Christina Tierney, Tony Tsai, « The accuracy of web sites and cellular phone applications in predicting the fertile window », *Obstetrics & Gynecology*, juillet 2016.
2. Cooper Quintin *et al.*, *The Pregnancy Panopticon*, EFF, juillet 2017.

Il serait logique de penser que ce manque de fiabilité concerne uniquement les versions gratuites de ces applications. Car la plupart proposent aussi une version « premium » : Glow, 3,49 euros par mois ; Clue, 2,50 euros par mois ; Flo, 2,75 euros par mois ; Natural Cycles, 7,49 euros par mois. Mais les versions payantes, si elles donnent accès à davantage de fonctionnalités, ne sont pas plus dignes de foi. Après avoir testé 90 applications de menstru-techs, des chercheuses britanniques concluent que les gratuites sont « de meilleure qualité que les applications payantes[1] ». Ne voyez pas là un quelconque dessein ou complot anti-mercantile, mais plutôt une statistique malencontreuse. Toujours selon ces scientifiques, de toute façon, la majorité des applis, gratuites ou payantes, n'ont aucune fiabilité.

## *La menstrutech se surprotège face à la loi*

Des applications peu fiables, conçues à la va-vite. Les conséquences sont prévisibles. Patatras, en 2018, 37 femmes qui avaient cru aveuglément les prévisions de l'application suédoise Natural Cycles ont porté plainte auprès de l'Agence suédoise des produits médicaux pour des grossesses non désirées. Les responsables de cette appli, qui se base sur la prise de température quotidienne, s'en tirent finalement avec une obligation de meilleure information de leurs utilisatrices. Natural Cycles devra désormais indiquer que ses prédictions de fertilité ne sont sûres qu'à 93 %, selon une étude scientifique menée par l'entreprise. Cela n'a pas empêché pour autant la Food and Drug Administration d'approuver Natural

1. Roshonara Ali, Zeynep B. Gürtin, Joyce C. Harper, « Do fertility tracking applications offer women useful information about their fertile window ? », *Reproductive BioMedicine Online*, janvier 2021.

Cycles quelques mois plus tard. Le régulateur américain autorisait pour la première fois la commercialisation d'une application comme méthode de contraception. Il précisait tout de même dans son communiqué : « Les femmes doivent savoir qu'aucune forme de contraception ne fonctionne parfaitement[1]. »

Mais de cela les utilisatrices semblent peu conscientes. Pourtant, les promoteurs d'applications le font clairement figurer dans leurs conditions d'utilisation. Vous savez, celles que Solenne a acceptées sans les avoir lues au moment de l'inscription. Flo Health, par exemple, y fait figurer en gras et en majuscules ces avertissements : « La société n'est pas un prestataire de soins médicaux agréé et l'application n'est pas conçue pour se substituer à un conseil ou à un diagnostic médical professionnel pour traiter ou prendre en charge une maladie ou un problème médical, ni pour servir de méthode de contrôle des naissances ou de contraception [...]. L'utilisation se fait à vos propres risques. [...] L'application ne peut pas et ne garantit pas des améliorations ou des résultats. [...]. Nous n'assumons aucune responsabilité et n'offrons aucune garantie quant à l'exactitude des données, informations, estimations et prévisions que nous pourrions vous fournir par le biais de l'application. »

Une autre ? Encore plus précise, Glow indique, elle aussi en gras et en majuscules : « Glow n'offre pas de conseil médical » ou encore « L'utilisation de nos services se fait à vos propres risques. Nous déclinons toute responsabilité dans l'utilisation et la fiabilité du site et de l'appli Glow [...] notamment dans l'échec d'une conception ou d'un accouchement, l'échec de prévision de vos cycles. Si vous n'êtes pas d'accord, n'utilisez pas nos services. » Cela a le mérite d'être clair.

En rédigeant ces avertissements, les promoteurs d'applications se protègent contre toute éventuelle poursuite en responsabilité

1. www.fda.gov

par une utilisatrice déçue d'être enceinte, ou déçue de ne pas l'être. « Et même, ils se surprotègent, estime Lydia Morlet-Haïdara, directrice de l'Institut droit et santé à l'université Paris Cité. Car en droit de la responsabilité, on ne peut pas attaquer quelqu'un et lui demander des dommages et intérêts au motif que l'on est tombée enceinte. Si l'on est en bonne santé et que le bébé est en bonne santé, avoir un enfant n'est pas considéré comme un dommage. Seules des circonstances très particulières pourraient faire considérer une grossesse comme un événement préjudiciable. Il faudrait imaginer une femme qui, pour des raisons médicales, ne doit absolument pas tomber enceinte. Ou bien un médecin qui raterait une interruption volontaire de grossesse à la suite d'un viol. »

Une autre raison pour laquelle les conditions d'utilisation des applis de menstrutech sont si précautionneuses, c'est la volonté d'échapper à la réglementation française stricte en matière de données de santé, qui est déterminée par le Règlement général sur la protection des données (RGPD) et la loi Informatique et Libertés de 1978. « C'est pour cela que ces applis précisent bien qu'elles n'ont aucune fonctionnalité médicale, explique Lydia Morlet-Haïdara. Dans leurs conditions d'utilisation, les rédacteurs inscrivent ces précautions plusieurs fois dans le même texte, ne craignant pas d'être redondants. Les informations obtenues des utilisatrices sont ainsi considérées comme des données de "bien-être" qui échappent dès lors à la réglementation très contraignante et restrictive applicable aux données de santé. »

### *C'est toi le produit !*

Et dans les faits ? Les utilisatrices de ces applications peuvent-elles vraiment échapper à la collecte et à la monétisation de leurs données personnelles ? En effet, utiliser ces applications est une forme d'adhésion, un accord tacite pour s'engager dans une relation durable et « privilégiée ».

Continuons à suivre Solenne dans son aventure en terres menstrutechs.

Dès le lendemain de mes différentes inscriptions sur ces applis, j'ai commencé à recevoir des notifications. Chaque jour. Il ne faudrait surtout pas perdre le contact avec l'utilisatrice. Imaginez ma gêne quand, un matin, entourée de mes collègues en salle de réunion, j'ai vu apparaître sur l'écran de mon téléphone posé en évidence sur la table : « Vous ovulez aujourd'hui. Vous pourriez avoir des ballonnements. » Au secours ! Mais ce n'est rien à côté des mails publicitaires qui affluent dans ma boîte mail, sur mon compte Facebook et sur ces applications : pour du maquillage à 13,40 euros le kit, pour des vitamines de grossesse à 14,69 dollars, des lingettes pour bébé à 2,49 dollars, des cartes cadeaux Amazon, un lot de quatre tétines pour 8,94 dollars, et évidemment… un test de grossesse pour 12,98 dollars.

À l'évidence, la menstrutech est avant tout un business… Or, souvenons-nous de l'adage bien connu : *Si c'est gratuit, c'est toi le produit*. En effet, en m'inscrivant sur ces applications, j'ai laissé mon nom, mon adresse mail, et parfois j'ai même été obligée de donner mon numéro de carte bancaire quand l'offre était pourtant gratuite. Parmi les principales applications de suivi menstruel analysées dans le détail par l'association Electronic Frontier Fondation, certaines demandent même la permission d'accéder à la carte SD du propriétaire du téléphone, à sa localisation, voire son répertoire de contacts. Inversement, elles envoient des requêtes vers des sites tiers tels que Google, Facebook, DoubleClick (Google), Appsflyer, Crashlytics, Amazon… En clair, la plupart des applis de suivi menstruel vendent les montagnes de données fournies par leurs utilisatrices à des annonceurs à des fins de ciblage publicitaire. Vous êtes donc bien le produit, mesdames.

Ainsi, en 2021, Flo Health a été épinglée par la Commission fédérale du commerce des États-Unis pour avoir envoyé ces données à Facebook et Google à des fins publicitaires. L'application avait pourtant promis de garder secrètes certaines données intimes des internautes.

Dans ce paysage, une seule appli revendique de ne pas vendre les données de ses utilisatrices à des sociétés : l'allemande Clue. « Nous n'avons jamais vendu et n'utiliserons jamais vos données », nous affirme Audrey Tsang, sa présidente, que nous avons rencontrée lors de son passage à Paris pour le salon de la tech, Vivatech. « Nos utilisatrices ne l'apprécieraient pas. Et ce serait contraire aux valeurs de notre entreprise. Nous comprenons intimement à quel point ces données sont personnelles et privées. »

Les menstrutechs ont-elles le droit de vendre vos données ? « Oui, rétorque Lydia Morlet-Haïdara, de l'Institut droit et santé. En Europe, le RGPD permet qu'avec le consentement de la personne concernée un responsable de traitement puisse collecter ou partager des informations personnelles sensibles. Or ces applis l'obtiennent, en un seul clic, de leurs utilisatrices. C'est le fameux consentement que tout le monde donne malheureusement au moment de l'inscription, sans même lire les conditions générales d'utilisation. Ce simple clic lie l'utilisateur au contrat prévu par les applications. Vous êtes censé avoir lu les conditions d'utilisation. En général, elles définissent les règles, à savoir que vos données peuvent être envoyées à l'étranger ou partagées avec des partenaires commerciaux. Malheureusement, comme les utilisateurs d'applis consentent sans lire, cela devient une sorte de carte blanche. Les menstrutechs respectent la loi. »

D'ailleurs, le gendarme français de la protection des données, la Commission nationale de l'informatique et des libertés (Cnil), met en garde les utilisateurs d'applis sur son site Internet[1] : « En utilisant une application mobile, très souvent, vous n'êtes pas clairement informé que vous entrez potentiellement en relation avec plusieurs acteurs impliqués dans le fonctionnement de cette application. Ainsi, les développeurs et éditeurs d'applications, les fournisseurs de systèmes d'exploitation et les courtiers en données sont susceptibles de collecter et d'utiliser vos données personnelles. » Mais pour en être conscient, encore faut-il aller se renseigner sur le site Internet de la Cnil avant de télécharger une appli…

## *Des pages et des pages de conditions à lire*

Penchons-nous donc sur ces fameuses conditions d'utilisation. Et il faut s'accrocher : trente-quatre pages pour l'appli Glow ! Mais en lisant avec attention, nous découvrons que nos données sont en effet notamment destinées à du « marketing & advertising ». Des tiers partenaires publicitaires (les Google et Facebook qu'on évoquait un peu plus tôt) en bénéficient pour du « marketing direct » (« comme autorisé par la loi »), pour de l'« *interest-based advertising* », c'est-à-dire des publicités qui apparaissent susceptibles de vous intéresser, en fonction de vos goûts ou de votre profil.

Nous y trouvons également cette mention : « Nous pouvons aussi partager les noms, adresses mail et type d'appareils d'identification (téléphone…) pour leur faciliter le travail. » En effet,

1. www.cnil.fr

tout était noté noir sur blanc. Chez Flo Health, la politique de confidentialité vous explique même de façon transparente qu'une partie de vos données est cédée à « AppsFlyer et ses partenaires intégrés à des fins de marketing et de promotion (Pinterest, Google Ads, Apple Search Ads, Marketing Network for Facebook...) ».

Nous vous avons épargné une lecture fastidieuse, car ces quelques phrases, nous sommes allées les chercher au fin fond de dizaines de pages de conditions d'utilisation pas toujours très claires, et souvent en anglais. C'est d'ailleurs ce que reprochent régulièrement des associations ou des ONG spécialisées : Privacy International, le collectif brésilien Coding Rights, l'Electronic Frontier Fondation, ou encore Consumer Reports. Toutes critiquent la complexité et l'opacité des politiques de confidentialité des applications. En définitive, on est rarement au courant de qui sait quoi sur vous. Et de quelle façon les données que vous avez alimentées vont créer ou non une publicité ciblée.

« Si les promoteurs d'applis sont dans les clous légalement et que la mise en place du RGPD en 2018 a permis un cadre plus protecteur pour les utilisateurs, il n'empêche que les conditions générales d'utilisation de ces applications sont en effet trop longues et pas assez claires. » déclare Lydia Morlet-Haïdara.

« Énormément de femmes mettent sur Instagram et compagnie les PDF de leurs ordonnances et de leurs résultats radiologiques, constate la neurobiologiste Catherine Vidal. Ce n'est pas anodin, mais elles n'en ont pas conscience. Pourtant, cela soulève de nombreuses questions éthiques. La solution serait de développer une éducation numérique pour les utilisatrices des menstrutechs ! »

*Des failles de sécurité à gogo*

Opacité des conditions d'utilisation, mais aussi opacité des algorithmes, déplorent de nombreux acteurs du numérique. Les menstrutechs sont réputées pour ne pas fournir leurs algorithmes, et cela leur vaut nombre de critiques. Car de nombreuses failles de sécurité ont été révélées ces dernières années par la presse américaine. Pour ne garder qu'un exemple, prenons celui de l'appli américaine Glow. L'association Consumer Reports a mis au jour une première faille assez simple[1]. Il suffisait de connaître l'adresse mail d'une utilisatrice, s'inscrire en disant que vous étiez son partenaire, lier vos deux comptes en mode « couple ». Et sésame ! Vous aviez accès à toutes les données de l'utilisatrice, à son insu. Vrai petit ami, ex-petit ami obsessionnel ou fou furieux, la manipulation était à la portée de tout le monde : guère rassurant quand on sait que certaines utilisatrices révèlent jusqu'aux détails les plus intimes de leur vie. Les forums de discussion de Glow, par exemple, regorgent de témoignages de jeunes femmes racontant les viols ou les avortements qu'elles ont subis. Si certains y voient du « déballage », à n'en pas douter, ces femmes espéraient trouver là un espace protégé où libérer la parole enfouie et où l'anonymat leur serait garanti. Mais sur ces forums, justement, une deuxième faille repérée consistait pour un connaisseur des méandres informatiques à accéder facilement au nom complet des utilisatrices qui y laissaient un commentaire. Leur nom et, tant qu'à faire, leur adresse mail, leur date de naissance et leur géolocalisation approximative.

1. Jerry Beilinson, « Glow pregnancy app exposed women to privacy threats », *Consumer Reports*, 17 septembre 2020.

### *Menstrutech Big Brother*

Reprenez votre souffle, vous n'êtes pas au bout de vos surprises. Car Menstrutech Big Brother a d'autres histoires effrayantes. Comme celle d'Amy Pittman, une jeune Américaine qui a raconté son expérience dans le *New York Times* en 2016. Amy Pittman rêve alors avec son compagnon d'avoir un enfant, et son vœu est exaucé, elle tombe enceinte. Dès l'annonce de sa grossesse, elle télécharge l'appli de suivi de grossesse What to Expect, et indique son adresse mail, son adresse postale, son âge et la date de ses dernières règles. Sans hésiter, raconte-t-elle. Neuf mois plus tard, à sa plus grande surprise, Amy Pittman reçoit à son domicile un cadeau de la société Similac : une boîte de lait maternisé. Belle attention, sauf qu'Amy Pittman a fait une fausse couche plusieurs mois auparavant. Pourtant, la jeune femme l'avait alors immédiatement signalée sur son profil dans l'appli de grossesse qu'elle utilisait, What to Expect, loin d'imaginer que son statut de future mère continuerait de circuler parmi les partenaires commerciaux de cette application.

« Internet pense toujours que je suis enceinte », explique-t-elle circonspecte. Avec cette mésaventure, Amy Pittman n'a heureusement pas perdu son sens de l'humour. Elle imagine que « dans cinq ans, Internet me proposera des fournitures scolaires pour ce virtuel élève de maternelle, et qu'un jour il ira à l'université… » Enfin, conclut-elle de façon jubilatoire : « J'aime la pensée que cet enfant dérive dans le cyberespace, trollant sans cesse sur Internet. »

L'expérience de Diana Diller avec les applis de grossesse est moins traumatisante mais pas plus réjouissante. Comme elle le raconte dans le *Washington Post* en 2019[1], cette employée

1. Drew Harwell, « Is your pregnancy app sharing your intimate data with your boss ? », *The Washington Post*, 10 avril 2019.

californienne d'Activision Blizzard, une société de jeux vidéo, accepte de fournir ses données intimes dans l'application Ovia Health, à l'instigation de sa société. Pour cela, son employeur lui offre même chaque jour un dollar en carte-cadeau. Diana Diller est ravie : « C'est de l'argent mis de côté pour les couches et le lait maternisé. » Par la suite, elle analyse : « Je suis peut-être naïve, mais j'y ai vu un point positif. Mon employeur essayait de m'aider à prendre soin de moi. » L'un des arguments d'Ovia Health : une grossesse suivie de près réduit les risques de naissance prématurée. L'appli est donc censée offrir un service médical aux entreprises, qui financent souvent aux États-Unis les dépenses de santé de leurs salariés. Si une grossesse coûte en moyenne 10 000 dollars, pour une naissance et le suivi de jumeaux prématurés, il faudra débourser jusqu'à 1 million de dollars. L'argument de vente d'Ovia Health est un argument massue.

La grossesse de Diana Diller s'est heureusement bien déroulée. Mais, sous couvert de prendre soin de ses salariés, son employeur possède là un puissant outil de surveillance. Si les données que lui fournit Ovia Health sont anonymisées, l'entreprise sait combien de ses employées vivent des grossesses à risques, accouchent prématurément, et quand elles comptent revenir travailler. Données anonymisées ? Dans l'entreprise de Diana Diller, seulement une cinquantaine de femmes étaient enceintes à ce moment-là. Il était facile pour l'employeur de réidentifier chacune d'entre elles.

Parmi les inquiétudes, il y a enfin celles des dénonciations aux autorités judiciaires. De nombreuses utilisatrices s'en alarment, notamment sur les forums des menstrutechs. Aux États-Unis, le Cloud Act (la loi fédérale sur l'accès aux données de communication) oblige en effet les entreprises à fournir à la justice les données stockées sur leur serveur, si elle le réclame. Or, en 2022, plusieurs États américains ont rendu l'avortement illégal. Et si demain la justice réclamait (et obtenait) les détails intimes d'avortements que nombre de femmes n'ont même pas osé confier à leurs proches, mais seulement au cocon rassurant et anonyme d'une application ? Audrey Tsang, la présidente de Clue (souvenez-vous, l'appli qui refuse de vendre les données de ses utilisatrices), plaide pour la transparence : « Dans un monde disons politiquement incertain, il est essentiel de savoir qui se cache derrière les applis du quotidien. Et ce qu'ils font réellement avec les données. »

## *Un progrès pour les femmes dans la connaissance de leur corps*

Voilà pour le tableau noir des menstrutechs. Mais faut-il pour autant jeter le bébé avec l'eau du bain ? « Elles permettent à de nombreuses femmes de mieux comprendre leur corps », concède la chercheuse Catherine Vidal. Ainsi, l'allemande Clue, toujours elle, qui revendique 11 millions d'utilisatrices chaque mois, met à disposition des centaines d'articles pédagogiques : « Pourquoi ai-je des crampes pendant mes règles ? » ou « Pourquoi la pilule contraceptive d'urgence ne fonctionne-t-elle pas toujours ? », ou encore « À quoi s'attendre dans les semaines qui suivent une interruption volontaire de grossesse ? »

« Des millions de femmes utilisent les menstrutechs, rapporte Catherine Vidal, dans des pays d'Afrique ou d'Asie où elles n'ont pas accès à des soins médicaux dignes de ce nom. » Désormais, le smartphone est utilisé dans le monde entier : 70 % de la population mondiale en possédait un en 2023, selon Statista, le portail de statistiques pour les données de marché. Il constitue une source d'information primordiale pour des milliards d'hommes et femmes.

Charlotte Puechmaille a, elle, décidé de faire un acte militant. Pour une trentaine d'euros par an, elle s'est abonnée à la version premium de l'application Clue, dont le modèle économique de rentabilité est basé uniquement sur les abonnements de ses utilisatrices. « Je peux passer des heures à y lire les articles scientifiques, raconte cette ex-consultante dans le domaine des femtechs, les technologies dédiées aux femmes. J'ai énormément appris sur ma santé, en y lisant des articles scientifiques de qualité, qui sont sourcés. Mais écrire ces articles prend du temps. Comment dès lors rémunérer cette création de contenus ? Il existe pour ces applications un enjeu de rentabilité. Alors j'ai décidé d'aider l'entreprise financièrement en m'abonnant. »

Clue a d'ailleurs fait un étendard de cette rigueur scientifique. Pour aider la recherche, la créatrice de cette appli, la Danoise Ida Tin, a noué des partenariats avec les départements de recherche gynécologique de trois universités nord-américaines : Stanford, Columbia et Washington, ainsi qu'avec la britannique Oxford. L'application partage avec eux une partie des milliards de données amassées sur son serveur, ce qui a déjà permis de faire avancer la recherche, de faire bouger les lignes sur certains préjugés ou certaines zones d'ignorance. Par exemple, les scientifiques se sont aperçus que les femmes déclaraient beaucoup plus d'acné au cours de leur cycle qu'ils ne l'imaginaient. Plusieurs chercheurs, dont Marion Coville, présidente de l'Observatoire des mondes numériques en sciences humaines (OMNSH), soulignent cependant les limites de cette démarche scientifique. La majorité des utilisatrices des menstrutechs sont nord-américaines, blanches et relativement aisées, explique-t-elle dans un article du journal suisse *Le Temps*[1]. Selon cette sociologue, le risque est alors de

1. Marion Police, « Quand femtech et recherche scientifique s'associent », *Le Temps*, 3 septembre 2019.

créer une standardisation du cycle menstruel et du corps féminin, qui omettrait par exemple les femmes asiatiques ou africaines.

Et ne l'oublions pas : même si on peut rendre hommage à certaines applis car elles permettent aux femmes d'acquérir des connaissances sur leur corps, les menstrutechs constituent un business. C'est pourquoi des concepteurs d'applis ont poussé la logique très loin, se disant qu'après tout une menstrutech pouvait aussi être vendue à des hommes ! Pour clore ce chapitre, on ne résiste pas à l'envie de vous conter l'histoire de cette application bienheureusement disparue depuis plusieurs années : iAmAMan, sorte de menstrutech inversée. À la fin des années 2000, iAmAMan permettait aux hommes de suivre les règles de leur petite amie, pour 1,99 dollar par mois. Les règles apparaissaient sous forme de gouttes de sang sur un calendrier. L'appli alertait ainsi ces messieurs quand il y avait « trop de sang » pour envisager des rapports sexuels ou bien quand ils pouvaient espérer une période d'« excitation » de leur partenaire. Elle promettait ainsi aux utilisateurs de planifier leurs soirées et d'« économiser de l'argent ». Comble du bon goût, les utilisateurs pouvaient ajouter plusieurs petites amies sur leur profil ! Ou quand la technologie au service de la santé des femmes sert aussi l'intérêt masculin. Il y a toujours des esprits capables d'inventer le pire…

# Le business de la ménopause

C'est une soirée au restaurant autour d'un aligot, et surtout de vin rouge. Un vin rouge qui délie les langues. Nous sommes entourées de copines quinqua et sexagénaires, et la conversation se porte de façon inattendue sur la question de la ménopause. Tout ici est fidèlement retranscrit, mais, par souci pour notre amitié, on ne donnera pas les prénoms des copines : elles risqueraient de (gentiment) nous étrangler. L'une d'elles commence : « Dites, les filles, je sens que la ménopause arrive. Vous prenez des hormones ? Vous me conseillez d'en prendre ? » L'une d'elles réplique que non, les hormones ne sont pas conseillées pour toutes les femmes. Une autre ajoute que sa belle-mère en a pris pendant vingt ans, elle a un cancer du sein aujourd'hui. Une troisième raconte que son médecin lui a, par le passé, prescrit du Lutéran, mais elle n'est jamais allée à la pharmacie pour l'acheter. Elle avait quelques semaines auparavant croisé une femme ayant un méningiome causé par ce médicament ; sa tumeur au crâne était grosse comme une balle de tennis.

La première hésite, dit se poser quand même des questions : « J'ai des sacrées bouffées de chaleur depuis quelques semaines. Parfois aussi, le matin, je me réveille avec des douleurs articulaires.

C'est comme si quelqu'un m'avait battue pendant la nuit. Et la libido, je ne vous dis pas. C'est mon mari qui fait la gueule… » Alors la conversation tourne à la rigolade générale, sur l'effet « four » des bouffées de chaleur et la gêne associée. Chacune y va de son anecdote sur les « surprises » de la ménopause auxquelles elle n'avait pas été préparée.

Cette discussion, il aurait été difficile de l'imaginer quelques années auparavant, tant le sujet de la ménopause est longtemps resté tabou. Mais parallèlement à cette nécessaire libération de la parole, un important business de la ménopause a vu le jour, attirant nombre d'entreprises pas toujours sérieuses.

## *La fin d'un tabou*

Statistiquement, environ 14 millions de femmes sont ménopausées en France. Et elles sont entre 400 000 et 500 000 à entrer dans cette période chaque année, parfois sans parvenir à identifier ce moment charnière de leur vie. Dans nos pays occidentaux, l'âge médian d'entrée en ménopause se situe entre 50 et 51 ans. Est considérée comme ménopausée une femme qui n'a plus de règles depuis un an.

Preuve peut-être d'un « *empowerment* » féminin, le tabou de la ménopause est levé, peu à peu. Même *Paris Match* parle ménopause[1] ! En 2023, le magazine y a consacré un dossier. Et paillettes obligent, reprenait des témoignages de stars. Michelle Obama, épouse de l'ex-homme le plus puissant du monde, estimait

1. « Ménopause : de Sophie Davant à Monica Belluci, 22 stars qui en parlent », *Paris Match*, 18 octobre 2023.

la recherche peu avancée sur le sujet. L'actrice américaine Naomi Watts racontait avoir été ménopausée depuis ses 36 ans. Et Linda Hardy, ancienne Miss France, avouait devant la survenue de plusieurs symptômes avoir fait des examens médicaux, soupçonnant une quelconque maladie. Elle n'avait absolument pas pensé que c'était simplement l'arrivée de la ménopause. Toutes stars soient-elles, leurs témoignages sont représentatifs de la société. En matière d'information et de recherche, on part de loin.

## *Le THM est-il le diable ?*

Disons-le clairement : la ménopause n'est pas une maladie. Mais durant cette (désormais longue) période de la vie où les femmes produisent progressivement moins d'œstrogènes et de progestérone, 87 % d'entre elles présentent au moins un symptôme associé[1] : bouffées de chaleur, sécheresse vaginale, troubles du sommeil et de l'humeur, dépression. Selon Reenita Das, du cabinet Frost & Sullivan[2], aux États-Unis, leur prise en charge médicale coûte en moyenne 2 100 dollars par femme et par an à la collectivité. Et à l'échelle mondiale, 810 milliards de dollars en tout. Pour y faire face, il existe depuis fort longtemps des solutions. Celle réputée la plus efficace, selon une méta-analyse publiée en 2023 par la revue scientifique *Cell*[3], demeure le THM.

Le THM, pour « traitement hormonal de la ménopause », a été élaboré dans les années 1940 et a pour objectif de remplacer les hormones manquantes : progestérone et œstrogènes. En France,

1. www.inserm.fr
2. Reenita Das, « Menopause unveils itself as the next big opportunity in femtech », *Forbes*, 24 juillet 2024.
3. Susan R. Davis *et al.*, « Menopause – Biology, consequences, supportive care and therapeutic options », *Cell*, septembre 2023.

ce traitement a été largement prescrit à partir des années 1970 pour soulager les différents symptômes de la ménopause. En 2000, un tiers des femmes ménopausées étaient sous THM, soit deux millions et demi de femmes.

Et vint 2002. Une étude américaine sème alors le doute. La Women's Health Initiative[1] affirme que les femmes sous THM risquent davantage de thromboses, attaques cérébrales, arrêts cardiaques et qu'elles risquent davantage de développer un cancer du sein. Cette publication au très fort écho médiatique crée un vent de panique mondial. En France, de nombreux gynécologues et médecins généralistes arrêtent subitement de prescrire le THM, et les femmes ménopausées, de le prendre.

Passé la stupeur, des scientifiques français se penchent sur cette étude. Ils réalisent rapidement que le « THM à la française », tel qu'il est alors prescrit chez nous, n'a rien à voir avec celui mis en cause aux États-Unis. D'abord avaient été incluses dans l'étude américaine de nombreuses femmes obèses (donc présentant un risque cardiovasculaire important), diabétiques, fumeuses, hypertendues et ménopausées depuis plus de dix ans. En outre, le THM étudié était composé d'œstrogènes équins. Oui, vous avez bien lu : issus de juments enceintes ! Or en France, le THM se compose d'hormones totalement différentes, similaires aux hormones naturelles, et n'est prescrit que dans les cinq à dix années suivant le début de la ménopause. En somme, l'étude américaine de 2002 ne correspondait en aucun point à nos standards.

Néanmoins, en France, plusieurs effets indésirables graves du THM (dans sa version française, donc) sont étroitement

1. Writing Group for the Women's Health Initiative Investigator, « Risks and benefits of estrogen plus progestin in healthy postmenopausal women. Principal results from the women's health initiative randomized controlled trial », *JAMA*, 2002.

surveillés par les études épidémiologiques. Il apparaît que, lorsqu'il est bien dosé par le médecin prescripteur en fonction des antécédents de la patiente, la plupart de ces risques disparaissent. Mais il demeure toutefois un faible risque de cancer du sein et de l'ovaire, lorsqu'il est prescrit sur le long terme. Parmi les contre-indications, le THM est déconseillé aux femmes ayant des antécédents de cancer du sein ou de cancer hormono-dépendant, mais aussi d'hypertension artérielle non contrôlée. Inversement, pris sous forme de gel ou de patch (pour éviter que des comprimés n'endommagent le foie), le THM français protège contre les maladies cardiovasculaires, le diabète et les fractures car il diminue la perte osseuse.

En conclusion, le « THM à la française » fait consensus chez de nombreux spécialistes hexagonaux, mais aussi selon l'Inserm : la balance bénéfices-risques penche largement en faveur du THM. Il est LE traitement de référence. Et pourtant la méfiance reste de mise.

## *Elisa ou la méfiance persistante*

Le THM réhabilité, le doute est néanmoins resté ancré, y compris chez certains médecins. Vingt ans plus tard, en 2022, l'étude française Elisa[1] estime que moins de 6 % des femmes ménopausées sont sous THM (contre, on le rappelle, environ 30 % en 2002). « Rendez-vous compte, s'insurge le Dr Michel Mouly, on est passé de 2 millions et demi de femmes traitées au THM à actuellement entre 500 000 et 600 000 femmes. »

1. Florence Trémollières *et al.*, « Persistent gap in menopause care 20 years after the WHI : a population-based study of menopause-related symptoms and their management », *Maturitas*, décembre 2022.

Ce gynécologue, chirurgien et cancérologue fervent partisan du « THM à la française », pointe du doigt ses confrères : « Par manque d'information ou peur d'éventuelles poursuites judiciaires provenant d'une patiente en cas de problème de santé à la suite d'effets secondaires indésirables, ils continuent de ne plus prescrire le THM. Or, c'est une perte de chances pour les patientes qui en auraient besoin. »

S'il existe indéniablement un défaut d'information des femmes, son pendant, le défaut d'information des médecins, est également criant. « La ménopause représente à peine deux heures de nos études de médecine alors qu'elle concerne 100 % des femmes », dénonce le Dr Mouly. « Les nouvelles générations de médecins, notamment de médecins généralistes, ont été "élevées" dans la défiance du traitement hormonal de la ménopause, précise la Pre Florence Trémollières, l'une des références françaises en matière de prise en charge de la ménopause. On ne peut pas le leur reprocher, les dernières recommandations de la Haute Autorité de santé sur le traitement hormonal datent de 2014, elles n'ont pas été révisées depuis[1]. Il y a urgence à le faire ! » Dans ce contexte, le Dr Mouly ajoute devoir se battre en permanence pour rassurer et convaincre ces femmes ménopausées que le THM peut être la bonne option pour elles, tout en leur expliquant les possibles effets secondaires. « Je suis gynécologue mais également cancérologue. Eh bien, ces consultations de ménopause où je dois déconstruire ce qu'ont dit les médecins précédents me prennent un temps fou. À chaque fois, c'est aussi long que d'annoncer un diagnostic de cancer ! »

Alors, certes, toutes les femmes n'ont pas besoin de se voir prescrire de THM. C'est le cas d'environ 20 à 25 % des femmes nouvellement ménopausées, qui ne souffrent d'aucun symptôme. Mais les autres sont tiraillées dans leur choix d'un traitement.

1. HAS, *Traitements hormonaux de la ménopause*, juillet 2014.

## *Quelles alternatives au THM ?*

Des alternatives non hormonales au THM ont démontré leur efficacité contre les bouffées de chaleur et les sueurs nocturnes : antidépresseurs, antiépileptiques et traitements contre l'hypertension. La balance bénéfices-risques penche cependant en leur défaveur, pointant les nombreux risques d'effets secondaires. Et ces médicaments ne sont pas aussi efficaces que les traitements hormonaux, conclut la méta-analyse de *Cell* que nous évoquions un peu plus haut. Cette étude[1], parue en 2023, constitue un « super résumé » de l'efficacité de l'ensemble des traitements de la ménopause.

Tout (ou presque) ce qui existe a été testé. Même les pratiques « non conventionnelles », comme les appellent les partisans de la médecine classique, allopathique. Contre les bouffées de chaleur, symptôme le plus fréquent de la ménopause, seules l'hypnose et les thérapies cognitivo-comportementales (TCC) ont prouvé leur efficacité. L'intérêt de l'acupuncture, de la sophrologie et du yoga n'a pas été démontré, faute de preuves suffisantes. Quant aux plantes et autres compléments alimentaires, les résultats, selon l'Inserm, sont très incertains.

## *Le filon des 34 symptômes*

Bouffées de chaleur, dépression, sécheresse vaginale… en tout, la ménopause est associée à 34 symptômes possibles. « Soit l'opportunité pour les Big Pharmas de créer et vendre 34 médicaments différents, s'agace le Dr Michel Mouly. C'est la poule

1. Susan R. Davis *et al.*, « Menopause – Biology, consequences, supportive care and therapeutic options », art. cit.

aux œufs d'or ! Face à la défiance contre le THM, des alternatives se développent. Simplement, on a tendance à l'oublier, le THM remboursé par la Sécurité sociale permet à lui seul une prise en charge globale de tous ces symptômes, et à moindre coût : diminution des bouffées de chaleur, amélioration du sommeil, correction des troubles de l'humeur, de la sécheresse vaginale, des douleurs articulaires, etc. »

De nombreux laboratoires se lancent en effet dans la recherche de médicaments pour contrer certains de ces symptômes. Le groupe allemand Bayer promet ainsi un nouveau médicament contre les troubles du sommeil et les bouffées de chaleur : l'elinzanetant[1]. « Bayer avance dans le traitement des troubles liés à la ménopause », titrait ainsi le journal *Les Échos* en janvier 2024[2]. « Bayer est-il sur le point de sortir un nouveau blockbuster ? » s'interrogeait même le journal économique. Si le groupe agro-pharmaceutique suscite tant d'intérêt, c'est qu'il apporte à sa communication un argument de vente de poids : l'elinzanetant est sans hormone.

« En France, nous sommes champions du monde de l'"*hormone bashing*", regrette la Pre Florence Trémollières, qui dirige le Centre de ménopause du CHU de Toulouse. Contrairement aux populations des pays anglo-saxons, les Français ne croient ni dans le vaccin contre les papillomavirus [les adolescentes françaises sont vaccinées seulement à 41,5 % et les garçons à 8,5 %[3]] ni dans le THM. Il existe une défiance dans la chimie. La phobie des

1. Communiqué de Bayer du 8 janvier 2024 : « Bayer's elinzanetant meets all primary and key secondary endpoints in pivotal OASIS 1 and 2 phase III studies. »

2. « Bayer avance dans le traitement des troubles liés à la ménopause », *lesechos.fr*, 8 janvier 2024.

3. Données issues du site Internet commun au gouvernement et à l'Institut national du cancer : vaccination-hpv.e-cancer.fr

hormones est dans l'air du temps. Et parallèlement, la société prône le retour au prétendu naturel. »

### *Vendre de bons vieux placebos très chers*

En 2023, une nouvelle molécule a eu également les honneurs médiatiques après avoir été approuvée aux États-Unis par la Food and Drug Administration : le fezolinetant. Élaboré par le laboratoire japonais Astellas, ce traitement – lui aussi non hormonal – prometteur contre les bouffées de chaleur agit sur le thermostat du corps humain situé dans le cerveau. Il permet, d'après plusieurs études, de diminuer la fréquence et l'intensité des bouffées de chaleur et des troubles du sommeil. Prometteur, oui, car il réduit cette fréquence de 60 % chez les femmes sujettes à ces symptômes. Cela, évidemment, nous ne le remettons pas en cause. Mais étudions là encore l'essai clinique qui a permis son approbation aux États-Unis[1]. Comme tout essai qui se respecte, le médicament a été testé en « double aveugle et contre placebo ». En clair, une moitié des participantes à l'étude a testé le fezolinetant, l'autre moitié s'est vu prescrire un placebo, sans le savoir. Et si au bout de douze semaines le « groupe fezolinetant » affichait une baisse de 60 % des symptômes, étonnamment, la fréquence des bouffées de chaleur avait, elle aussi, baissé drastiquement dans le « groupe placebo ». De 45 % ! Ce phénomène n'a rien de nouveau. Il est reconnu depuis des années que l'effet placebo est relativement important chez les femmes sujettes aux bouffées de chaleur. Autrement dit, vous pouvez vendre n'importe quelle

1. Samuel Lederman *et al.*, « Fezolinetant for treatment of moderate-to-severe vasomotor symptoms associated with menopause (Skylight 1) : a phase 3 randomised controlled study », *The Lancet*, avril 2023.

poudre de perlimpinpin à une femme : dans près de la moitié des cas, elle attribuera la disparition de ses bouffées de chaleur à ce « produit miracle », alors qu'il n'y est médicalement pour rien.

Les charlatans se sont emparés de cette manne. Compléments alimentaires, baumes et autres tisanes « miracles », les Géo Trouvetou du « ménobusiness » y ont décelé une formidable opportunité pour un juteux commerce. Et gare au porte-monnaie ! Quand le THM, remboursé par la Sécurité sociale, affiche un prix d'une douzaine d'euros par mois (pour un mélange de patchs œstrogènes et comprimés progestatifs), les compléments alimentaires coûtent a minima trois fois plus cher. Et ils ne sont pas remboursés. L'« *hormone bashing* » a ouvert la porte au business des « solutions naturelles ».

### *Le « naturel » comme argument de vente*

Pour comprendre l'étendue de ce business qui pousse sur le terreau de la méfiance envers les solutions hormonales, nous nous rendons dans un des nombreux salons du bien-être qui se tiennent désormais dans toutes les grandes villes de France. Le dépliant promet « une ménopause plus sereine »… et une remise de 5 % si l'on achète aujourd'hui certains de ces fameux compléments alimentaires. Devant nous, dans les allées, la représentante d'un laboratoire lyonnais qui en commercialise n'est pas à court d'arguments pour vanter ses gélules à base d'igname, de goji, de cuscute, de rehmannia, de mûrier blanc, de carthame et autres plantes. Elle veut vraiment nous les vendre. C'est certifié « sans hormone », « 100 % d'origine naturelle » et fabriqué en France. « Idéal pour la ménopause », assure-t-elle.

— Mais, madame, je ne suis pas encore ménopausée.

— Ce n'est pas grave. Justement, mes gélules préviennent et empêchent aussi l'arrivée des symptômes de la ménopause.

Imparable et bien commode… La représentante enchaîne, conseillant de prendre au moins deux gélules par jour, soit chaque mois l'équivalent d'un flacon vendu 29,90 euros. Nous restons sceptiques. Comment déterminer, au moment de la ménopause, si l'absence de symptômes (qui concerne environ 20 à 25 % des femmes ménopausées, on le rappelle) est à attribuer à l'efficacité de ces gélules vendues fort cher ou simplement à Mère Nature ?

La curiosité l'emporte. Nous quittons le salon, la brochure sous le bras, et sitôt rentrées, nous étudions de plus près les arguments scientifiques du laboratoire qui les commercialise. Il met en avant une étude pilote datant de plus de quinze ans selon laquelle ce mélange de plantes présente des effets « œstrogènes ». Cela semble être un bon signe. Grosse déception toutefois lorsque nous lisons dans la conclusion de cette étude pilote qu'il faudrait réaliser une « vraie » étude sur des femmes ! Et depuis, l'étude la plus poussée et la plus récente sur cette préparation a porté… sur des rats[1]. Autant vous dire que rien ne permet de conclure à l'efficacité de ces compléments alimentaires.

Le « ménobusiness » des compléments alimentaires ne s'arrête pas là. Le salon du bien-être nous le prouve : dans cette chasse aux sorcières hormonales, la mode actuelle consiste en effet à présenter les phyto-œstrogènes comme l'alternative. Naturelle, évidemment. Les phyto-œstrogènes sont des œstrogènes naturels, ou plus précisément des composés chimiquement similaires aux œstrogènes, et présents dans des aliments d'origine végétale,

1. Yu Li *et al.*, « Menoprogen, a TCM herbal formula for menopause, increases endogenous $E_2$ in an aged rat model of menopause by reducing ovarian granulosa cell apoptosis », *BioMed Research International*, février 2016.

comme le soja. La dernière mode des magazines féminins était d'ailleurs de conseiller à leurs lectrices ménopausées de boire des smoothies tofu-fraise pour se débarrasser de leurs bouffées de chaleur. Les phyto-œstrogènes sont les ingrédients phares des compléments alimentaires. Mais sont-ils sûrs et sont-ils efficaces ? Eh bien, sachez que ce qui est naturel n'est pas toujours bon pour la santé (on en veut pour preuve le cyanure). La dernière analyse de l'Anses[1], l'Agence nationale de sécurité sanitaire de l'alimentation, estime que les isoflavones de soja (les phyto-œstrogènes présents dans le soja) pourraient être des perturbateurs endocriniens et favoriser certains cancers, voire agir sur le fœtus, le jeune enfant ou la fertilité. Le ministère de la Santé[2] et la Haute Autorité de santé continuent aujourd'hui de mettre en garde contre les traitements aux phyto-œstrogènes pour traiter les symptômes de la ménopause. Tout ce qui est naturel n'est donc pas forcément bon. Mais cela, les industriels préfèrent le taire. Car le business est juteux. Nous ne citerons qu'un exemple : en 2023, la société américaine Pharmavite a racheté pour 425 millions de dollars un fabricant de compléments alimentaires pour la ménopause, Bonafide Health. Devinez le gain pour les investisseurs initiaux. Selon le cabinet Femhealth Insights, cette vente leur a permis de récupérer dix-sept fois leur mise. Un sacré retour sur investissement.

1. www.anses.fr

2. Service public d'information en santé, « Le soja est-il un perturbateur endocrinien ? », juin 2023.

## *Le grand bazar de la ménopause*

Heureusement que l'industrie a songé au bien-être de la femme ménopausée ! Les compléments alimentaires ne sont que la partie émergée du « ménobusiness ». Ainsi, la chaîne d'habillement irlandaise Primark a conçu des vêtements spéciaux pour la ménopause, à petits prix, « dotés d'une technologie novatrice qui permet de réguler la température », et « idéaux contre les bouffées de chaleur et les sueurs nocturnes ».

En fait, rien de révolutionnaire, il s'agit de sous-vêtements ou pyjamas respirants, du même ordre que les vêtements de sport anti-transpiration. Chez Primark, la chemise de nuit « ménopause » est à 14 euros. Encore abordable. Mais si vous vous tournez vers les vêtements vendus par une autre marque, Amenovia, attention, la nuisette vous en coûtera 119 euros. Et parce que cette marque dédiée à la ménopause a pensé à tout, elle propose à la vente également des oreillers rafraîchissants et des… éventails à 36 euros[1] ! « Il suffit de mettre le mot "ménopause" sur n'importe quoi et vous le vendez », fulmine la Pre Trémollières, qui a décidé de dénoncer, voire de pourfendre cette « mode de la ménopause » : « un énorme business actuellement aux États-Unis », ajoute-t-elle.

L'inventivité du « ménobusiness » est sans fin. Un dernier exemple croustillant : Clearblue, le fabricant de tests de grossesse, a lancé sur le marché américain un kit de test de ménopause pour permettre aux femmes de détecter leur taux d'hormone folliculostimulante (ce taux augmente à la ménopause). Même apparence et même principe que les tests de grossesse : vous urinez sur le petit dispositif et attendez cinq minutes. Si deux barres s'affichent : félicitations, madame, c'est une ménopause !

1. www.amenovia.com

D'autres marques proposent, elles aussi, des autotests similaires, preuve qu'il existe un marché. Mais sont-ils vraiment fiables ? C'est une autre histoire. Sur son site Internet, l'ANSM (Agence nationale de sécurité du médicament) met en garde les utilisateurs des autotests, quels que soient ces dispositifs[1] : « Pour les autres autotests [autres que les autotests VIH et glycémie], il n'existe à ce jour ni critères d'évaluation imposés, ni norme à appliquer, ni performance minimale à atteindre en dehors d'être conformes à "l'état de l'art", notion pouvant donner lieu à interprétation. Ainsi, les performances de ces tests peuvent être très variables. » Notons d'ailleurs que le taux d'hormone folliculostimulante varie durant le cycle. Difficile alors dans ces conditions de poser un diagnostic fiable de la ménopause.

### « *Débrouillez-vous, madame* »

Comment s'y retrouver dans cette jungle du « ménobusiness » ? Faut-il céder aux sirènes du marketing ? Faut-il prendre des compléments alimentaires ? Le THM est-il dangereux ? La plupart des femmes concernées se sont posé ces questions. « Quand j'ai été ménopausée, il n'y avait personne pour répondre à mes interrogations, se souvient Anne-Laure, la cinquantaine. Aucun professionnel de santé n'a abordé le sujet de la ménopause : ni mon généraliste ni mon gynécologue. Je me rappelle avoir consulté mon gynécologue pour tout autre chose. Et, à ce moment-là, j'ai voulu lui poser des questions. Mais je me suis retenue. Son attitude m'a fait comprendre que ce n'était pas le moment. Alors j'en ai parlé à des amies. »

1. « Recommandations pour le bon usage des autotests vendus en pharmacie », ANSM, 8 février 2018, https://ansm.sante.fr/actualites/recommandations-pour-le-bon-usage-des-autotests-vendus-en-pharmacie.

Justine, elle, a 43 ans et connaît déjà les bouffées de chaleur. « Ça me prend régulièrement, et d'un coup : je transpire, j'ai horriblement chaud. La nuit, mes draps sont trempés. J'ai consulté mon gynécologue, pensant à une péri-ménopause [la phase préparatoire de la ménopause]. Il m'a répondu que ce n'était pas du tout cela. Mais sans en dire davantage. Donc je ne sais pas quoi faire. »

Ces deux témoignages sont représentatifs du désarroi partagé par une majorité de femmes, dont les interrogations sont balayées par des professionnels de santé souvent débordés. Dans ces conditions, pourquoi les acteurs du « ménobusiness » se priveraient-ils de cibler ces femmes, dont le pouvoir d'achat a grossi au fil des années ?

« "Débrouillez-vous, madame", c'est quand même souvent ce que certains confrères disent aux patientes touchées par des symptômes de la ménopause », reconnaît la Pre Florence Trémollières. Cette gynécologue militante est également présidente du Groupe d'étude sur la ménopause et le vieillissement hormonal et l'une des créatrices du collectif « All for menopause », qui a pour objectif d'améliorer la prise en charge des femmes ménopausées. Pour faire changer les choses, à Toulouse, la professeure a créé un parcours de soins où les femmes tout juste ménopausées peuvent faire un bilan de santé (dépistage de l'ostéoporose et des risques cardiovasculaires, par exemple) et s'informer sur ce qui les attend durant cette nouvelle étape de leur vie. Les médecins y répondent à toutes les questions sur les hormones et les compléments alimentaires, et prodiguent des conseils sur l'hygiène de vie, la nutrition et l'activité physique. Une démarche qui fait tache d'huile déjà dans plusieurs villes de France.

## Le « féminin sacré », alerte aux dérives

« Rejoins-nous pour la prochaine bénédiction mondiale de l'utérus » ! Au fil de nos recherches sur Internet, nous venons de tomber sur un concept au terme aussi mystérieux que séduisant, le « féminin sacré ». De clic en clic, nous voilà invitées (gratuitement) à participer en visio à cette cérémonie qui a lieu seulement quatre fois par an. On nous promet alors que nous allons trouver un « sanctuaire du féminin au cœur de nos vies stressantes », et « un havre de paix où venir restaurer notre énergie féminine dans un monde qui essaie constamment de nous en éloigner ».

Amusées par ce que cette enquête nous offre de surprises et d'inattendu, nous tirons à pile ou face pour choisir qui de nous deux fera bénir son utérus. Solenne, élue par le sort, se prête à cette exploration intérieure. Expérience qu'elle nous raconte ci-après.

### *Une méditation en kit*

Une « bénédiction de l'utérus » ! Les questions se bousculent dans mon esprit : vais-je devoir être nue devant mon écran ? parler à mon utérus ? communier virtuellement avec des millions de femmes et me prosterner devant une prêtresse des temps modernes ? Je n'ai pas le temps de divaguer plus longtemps. Sitôt inscrite, je reçois les instructions. Le programme s'annonce très différent des scénarios que j'avais envisagés. Loin d'une communion de femmes en mondovision, la cérémonie consiste en un rituel de méditation – plutôt de diverses méditations rassemblées en kit – à faire chez soi, seule (« toi et la Lune », précise le formulaire) ou entre copines, le jour J à l'heure dite. Pas de prêtresse. Pas d'interactions avec les organisatrices. Mais un mode d'emploi détaillé permettant aux participantes de respecter l'ambiance propice à la bénédiction de leur utérus : trouver un lieu calme, allumer une bougie, mettre de la musique douce, fabriquer un autel et placer deux petits « bols utérus » devant soi. N'importe quel bol ou coupe fera l'affaire, m'assurent les instructions. Se munir d'un châle ou d'une écharpe à placer sur ses épaules pour créer un espace sacré et « amener sa conscience sur son corps » et, enfin, préparer en amont à boire et à manger pour la collation finale. Je suis dubitative mais déterminée à aller au bout de l'expérience. Un mois passe et arrive le jour dit.

Je suis invitée à ouvrir la cérémonie par la lecture de la méditation de la « *Womb Blessing* » (bénédiction de l'utérus), qui débute ainsi : « Amène ta conscience dans ton utérus ; vois, sache, ressens ou imagine que ton utérus est comme un arbre avec deux branches principales, au bout desquelles se trouvent des feuilles magnifiques et des fruits rouges semblables à des joyaux. Sens ou imagine que les racines de l'arbre s'enfoncent profondément dans l'obscurité de la terre, qu'elles te relient à elle et t'ancrent, te permettant de recevoir de l'énergie dorée dans ton utérus. » Et se termine par une invitation au lâcher-prise : « Ouvre-toi pour recevoir la lumière de la Lune. Permets-lui de pénétrer par ta couronne et emplir ton cerveau de lumière. Détends-toi davantage et reçois cette lumière dans ton cœur. Détends-toi davantage, ouvre ton utérus et accueille cette énergie dans ton utérus, en bénédiction. Assieds-toi, détendue, pour recevoir l'énergie de la bénédiction de l'utérus. »

Je suis censée alors recevoir « la belle énergie » de la lumière et de l'amour : une force inconnue capable de bénir mon utérus à distance. Or, vous l'avez sans doute déjà deviné, il ne se passe rien dans mon corps ou mon esprit, sans doute peu réceptifs. Je ne suis touchée par aucune forme de révélation mystique ou de vibration cosmique, mon utérus n'est pas bavard. Pour célébrer ma première bénédiction de l'utérus, les consignes suivantes m'invitent néanmoins à boire de l'eau et à manger.

Je ne m'avoue pas vaincue pour autant et poursuis l'exploration de mon féminin sacré, lui laissant une chance de se révéler par une méditation optionnelle dédiée au « Soin des ancêtres maternelles ». Ce second rituel nécessite au préalable de confectionner des poupées – « des représentations physiques de ta lignée féminine : ta mère, ta fille, ta grand-mère, ton arrière-grand-mère, etc. ». Des poupées. Soit. Je navigue sur les réseaux sociaux pour trouver d'éventuelles consignes de fabrication et tombe sur une question postée par une future participante aux organisatrices : « Bonsoir, chères sœurs, pour la méditation de l'archétype de l'enchanteresse hémisphère Nord [j'imagine qu'il s'agit de la méditation que je dois accomplir, mais appelée ici différemment], quand nous créons nos poupées, de qui s'agit-il ? Lumineusement. » Les organisatrices, très promptes sur les réseaux sociaux, ont répondu quelques minutes plus tard : « Pour accueillir l'archétype de la Crone dans l'hémisphère Nord, tu peux créer une poupée qui représente toute ta lignée maternelle. Ou alors une poupée pour chaque femme de ta lignée maternelle. Mais, si tu fais la méditation avec la poupée représentant ta mère, cela peut venir agir par rebond sur ta sœur, qui est aussi la fille de ta mère. » Je ne saisis pas tout, mais m'applique à suivre le reste des consignes avec soin : je place devant moi entre mes deux « bols utérus » les poupées fabriquées grossièrement avec de la ficelle et des sachets de lavande destinés à parfumer mon armoire.

Commence alors une nouvelle expérience ésotérique, consistant à lire ce texte : « Prends conscience ou imagine qu'autour de toi se trouvent les femmes de ta lignée maternelle, baignées dans le Clair de Lune. *(Pause.)* Observe leur apparence. Certaines viennent d'un passé récent, d'autres d'un passé plus ancien. Certaines sont même issues des toutes premières lignées de l'humanité. Entends leur voix, leur sagesse et le chant qu'elles amènent avec elles. Sens leur amour puisque, dans cet espace, elles sont toutes tes mères. *(Pause.)* Sois consciente que tes Ancêtres maternelles sont aussi les ancêtres d'autres femmes dans le Monde. Nous sommes toutes des sœurs de la même famille de femmes à travers le temps. En soignant ta lignée, tu soignes aussi la lignée d'autres femmes. Prends une profonde inspiration et place tes doigts au-dessus de l'utérus de ta poupée. Dis à haute voix ou dans ton esprit : "Je demande que l'amour et le soin de la Mère Divine soient donnés à toutes mes ancêtres maternelles et à ma lignée maternelle. Puissent tous les schémas génétiques et mémoires cellulaires être soignés." »

Parler à l'utérus d'une poupée, je vous avoue que c'est une expérience déconcertante.

La bénédiction est terminée. Tout est prévu, et mon mode d'emploi m'explique désormais quoi faire de mes poupées : les enterrer pour les rendre à la Terre-Mère, les placer sur mon autel ou une étagère en mémoire des Ancêtres féminines, ou bien les inclure « dans toute fête de famille ou célébration saisonnière ». J'imagine déjà la tête de mes parents ou de mes nièces à Noël !

Je ressors circonspecte de cette expérience d'introduction au monde du féminin sacré, elle ne m'a pas convaincue. Mais, s'il est vrai que je qualifierais volontiers cette cérémonie de farfelue, voire folklorique pour qui n'y croit pas, je lui reconnais son caractère inoffensif. Et elle a le mérite d'être gratuite. Malheureusement, rares sont les initiatives dédiées au féminin sacré qui ne sont pas monétisées.

## *Le féminin sacré, entre sororité et concept fourre-tout*

Comment définir le féminin sacré ? « Nous sommes une tribu de femmes », expliquent ses partisanes sur les divers forums et sites Internet dédiés. Le féminin sacré est une mouvance issue du courant New Age, en vogue depuis le mouvement #metoo, et posant la question d'actualité de la place de la femme dans la société. Il a été notamment popularisé par Miranda Gray, autrice anglaise à succès à l'origine des bénédictions de l'utérus. Elle se revendique à la tête d'une communauté forte de millions d'adeptes, ou du moins sympathisantes.

De nombreuses communautés coexistent. Leur point commun : une spiritualité réaffirmant une féminité biologique marquée. L'utérus et le vagin sont valorisés, voire sacralisés, les menstruations, glorifiées. L'épanouissement passe par un désir urgent de se reconnecter à la nature. Dans cette appropriation du féminisme, la recherche de l'indépendance et l'autonomisation de la Femme peut aller jusqu'à exclure et rejeter les hommes. La Femme est un être de lumière qui peut atteindre le bonheur et l'épanouissement seul, mais aussi par le groupe (de femmes). On le concède, ce n'est pas simple à saisir. Quant à leur pratique, elle est empreinte de rituels, parfois magiques, certaines femmes se qualifiant même de « sorcières ».

Nous contactons l'un de ceux qui maîtrisent le mieux ces concepts : Didier Pachoud. Il vit à Marseille et préside le Groupe d'étude des mouvements de pensée en vue de la protection de l'individu (Gemppi), une association d'aide aux victimes de dérives sectaires. « En réalité, cette spiritualité autour de la déesse du Féminin existait déjà dans les années 1980, avec des méditations et des cérémonies autour du thème du féminin, explique Didier Pachoud. Si aujourd'hui le décor est moins orientalisant, il demeure cette idée d'énergie universelle, d'âme universelle. Alors les femmes qui parviendraient à comprendre les "lois invisibles" de la nature pourraient supposément développer des pouvoirs, comme celui de guérir. Et c'est là que se situe le danger. »

Car, sous cette étiquette « féminin sacré », des « thérapeutes » et autres « praticiennes » prétendent en effet réparer tous les maux des femmes, en particulier les maladies gynécologiques incurables. Pour les rencontrer, nous sommes allées les chercher là où elles font principalement leur « pub » : sur les réseaux sociaux et divers salons du bien-être.

## *L'expérience chamanique*

Nous nous rendons dans un autre salon, le salon Bien-être et médecine douce, à Paris (oui, il s'en tient énormément). Et celui-ci ne déroge pas à la tradition commerciale des salons et foires. Ici, pendant quatre jours se croisent numérologues, kinésiologues, magnétiseurs, tarologues, spécialistes du *reiki* et de la guidance spirituelle, adeptes de la « conscience fertile » et autres thérapies non prouvées, voire réprouvées par la science. Sur tous les stands, les vendeurs (certains diraient « bonimenteurs ») rivalisent d'inventivité pour intercepter les visiteurs, capter leur attention ou piquer leur curiosité. Bilans iridologiques qui permettront de retrouver l'équilibre acido-basique, hélicithérapie, tétragrammaton (des termes tous plus mystérieux les uns que les autres pour attirer le chaland). Ces guérisseurs magiques vantent les bienfaits de la fleur de pois papillon, de l'acide hyaluronique vegan (!), de la glucosamine végétale, de la phycocyanine. Ils soignent avec les arbres, avec la magie des cristaux, avec des pendules vendus hors de prix, du plasma marin, ou encore de la spiruline. Et tous terminent leur discours par : « Madame, je vous garantis que tout cela est 100 % naturel », comme un gage de réconfort et de confiance.

Nous zigzaguons dans l'agitation et les allées et trouvons enfin la salle de conférences où intervient notre thérapeute « médium clairvoyante », celle qui a attiré notre attention sur le programme bien chargé des conférences proposées à l'occasion de ce salon. La salle est déjà pleine, certains spectateurs n'ont pas trouvé de place assise. Sur scène, une femme d'une quarantaine d'années, longs cheveux bruns, large sourire, vêtue d'une chemise à froufrous surmontée d'un gilet en peau de mouton, invite l'assemblée à un « voyage chamanique ». Les yeux fermés, elle entonne des chants faits de longues voyelles, le son d'un tambourin rythme son chant. Il ne manque plus que la pleine lune, un totem d'Indiens d'Amérique et une danse du feu. L'assistance ferme les yeux, elle semble transportée. De notre côté, nous luttons contre le sommeil, nous sommes à l'heure de la digestion, et nous regrettons déjà d'avoir pris un dessert ce midi. La séance qui promettait de déprogrammer nos mémoires cellulaires, nos croyances limitantes et nos traumas et de guérir nos blessures physiques n'a pas l'effet escompté. Pourtant, notre thérapeute affiche un curriculum vitae long comme le bras : musicothérapeute énergétique du féminin sacré, chamane spécialisée dans la danse médecine initiée par un maître soufi hindouiste, des chamanes, des druides et des guérisseurs mayas (sic !). Nous nous éclipsons de la salle, les spectateurs aux yeux fermés ne nous remarquent pas. Nous n'avons pas réussi à entrer dans le « voyage ». Mais, au moins, l'expérience était gratuite. Nous avons économisé 130 euros, soit le tarif que notre thérapeute propose le restant de l'année pour une séance d'une heure.

Nous quittons le salon pour chercher une autre chamane qui peut-être cette fois nous transportera. Nous trouvons quelques jours plus tard sur Internet celle qui semble la guérisseuse idéale : une « médecine-chamane » et « thérapeute pour femmes », qui poste sur son site des vidéos des retraites chamaniques qu'elle organise. On la voit dans la nature célébrer des cérémonies où elle chante au rythme de maracas, tout en versant des liquides et déposant des piments, des avocats et de la sauge brûlée à même le sol, à la façon d'une offrande.

Un voyage en Équateur lui a ouvert les yeux, raconte-t-elle un peu plus loin. Depuis, elle est devenue en France la représentante d'un thérapeute équatorien qui pratique des soins de guérison énergétique. Un rapide tour sur Internet et l'on découvre ce monsieur. Il ressemble à un fakir au turban blanc immaculé. Sur une vidéo, il se trouve face à un patient qui souffre visiblement de l'épaule. Sans le toucher, notre fakir andin, très inspiré, tapote avec ses doigts comme sur un clavier imaginaire, puis fait comme s'il arrachait dans l'air la douleur du malade et enchaîne les moulinets. Au bout de quelques minutes, miracle ! cette gesticulation a semble-t-il ôté toute souffrance au patient. Comment fait-il ? Il possède des « capacités extra-sensorielles », décrypte sa représentante française. En une seule séance d'une heure et demie, et moyennant 200 euros, il « libère les émotions accumulées ou héritées, inscrites dans les cellules, qui provoquent douleurs, angoisses et schémas répétitifs » grâce à son intuition. Mais, manque de chance, il vient rarement en France.

Nous nous rabattons donc sur sa représentante française, la fameuse « médecine-chamane ». Solenne se dévoue une nouvelle fois pour cette expérience et en faire le récit.

Je l'appelle au téléphone et prétends être atteinte d'endométriose. Allons-y cash : « Que pourriez-vous faire pour me guérir ? » Elle me propose illico un « soin de libération émotionnelle ». Et de détailler : « Mon objectif est d'accompagner la personne pour qu'elle puisse ressentir et comprendre d'où vient sa maladie. Ça permet de savoir pourquoi le corps a développé la maladie, car l'endométriose est l'expression d'une émotion. » Première nouvelle, la survenue de l'endométriose pourrait s'expliquer, on en connaîtrait les causes. Ce qu'évidemment aucun chercheur n'est parvenu à faire jusqu'alors.

Devant mon étonnement, elle m'explique le déroulement du « soin ». « Vous allez vous installer sur la table de massage, mais on peut aussi faire la séance en visio [120 euros pour une à deux heures]. Vous fermerez les yeux, et je vais vous demander d'entrer dans un état de conscience modifié. Je vous guiderai dans le voyage, et là vous serez amenée à ressentir, à faire remonter des souvenirs, des sensations, et vous allez commencer à comprendre des choses. À partir de là va s'enclencher le processus de guérison. »

Ça y est, le mot est lâché. « Guérison. » Mettons tout de suite les choses au clair : « Aujourd'hui, on ne guérit pas de l'endométriose », précise le Pr Philippe Descamps, éminent spécialiste de la maladie et chef du service de gynécologie obstétrique au CHU d'Angers, que nous avons immédiatement interrogé. « Les médecins peuvent opérer, il est possible de réduire les symptômes, mais on n'a pas de médicament miracle et la guérison n'existe malheureusement pas. » Pourtant, telle est la promesse de bon nombre de pseudo-thérapeutes se revendiquant du mouvement du féminin sacré. En clair, des charlatans qui répondent à une demande pour laquelle la médecine n'a pas de réponse.

### *Sang des lunes et grotte sacrée*

Nous poursuivons notre chemin intime avec une autre « guérisseuse », E., qui vit en Suisse et anime une chaîne YouTube où elle partage divers rituels, dont certains pour le moins déroutants. La cérémonie de don du sang des lunes, par exemple. Qu'est-ce donc ? Vous avez sans doute déjà une petite idée, mais vous n'osez y croire. Il s'agit d'une cérémonie qui a lieu tous les mois, et au cours de laquelle E. invite ses « sœurs » à donner le sang de leurs règles (les adeptes du féminin sacré préfèrent parler de « lunes ») à la Terre-Mère Gaïa. Dans la vidéo dédiée, notre « thérapeute » se filme en train d'agiter le sang « de ses lunes », qu'elle a recueilli dans une boîte en plastique transparent : « Je le regarde, je le sens, je le contemple, ce sang magique, ce sang sacré. » Et de le verser dans la nature.

E. se revendique « thérapeute » du féminin sacré et « artisan de lumière ». Elle soutient en effet détenir un « pouvoir alchimique et une puissance lumineuse ». Nous visionnons à la chaîne ses vidéos, à vrai dire avec régal. Toutes suivent la même mise en scène : face caméra, un bouddha placé dans une niche du mur en arrière-plan, E. parle sans discontinuer d'un air très inspiré et en passant régulièrement la main dans ses longs cheveux châtains, et d'une voix douce, clôt systématiquement son intervention d'un « *namaste* » bienveillant. Elle n'est pas avare de détails sur son parcours personnel. À l'occasion d'une de ses vidéos, elle raconte longuement avoir été elle-même très affectée par une endométriose carabinée (les médecins lui prédisaient des dizaines d'opérations et des années de souffrance, « c'était une boucherie », dit-elle). À l'en croire, E. a miraculeusement guéri en réussissant à « décoder les messages subtils de l'endométriose » et à faire de son corps « un temple sacré ». Depuis, sa mission est d'aider les autres femmes. Contre rétribution, car elle l'affirme, presque gênée, il faut bien vivre.

Elle propose donc des soins pour guérir l'endométriose (on le rappelle, on n'en « guérit » malheureusement pas encore) pour 145 euros la séance d'une heure et quart, et pour 650 euros un programme complet. Ses sessions de guérison « fonctionnent » aussi pour le syndrome des ovaires polykystiques, l'adénomyose (l'endométriose interne à l'utérus), les fibromes, les cancers du sein et du col de l'utérus, et l'infertilité, bien sûr.

Et c'est là qu'intervient sa théorie. Comme d'autres adeptes du mouvement du féminin sacré, E. prétend guérir toutes ces maladies de femmes en éveillant les patientes à leur lignée maternelle. Car de telles pathologies ne seraient pas là par hasard. Selon elle, l'utérus d'une femme est semblable à une grotte préhistorique regorgeant d'informations sur sa lignée d'ancêtres femmes, notamment sur leurs blessures. Si une femme souffre aujourd'hui d'une maladie gynécologique, c'est parce que l'une de ses aïeules a subi un traumatisme : fausse couche, viol ou avortement. Ces blessures se sont transmises de génération en génération, à travers les siècles. Alors, pour atteindre la guérison et le féminin sacré, l'actuelle descendante malade doit d'abord « guérir son féminin blessé ». En clair, libérer les nœuds qui créent ces maux et blocages physiques. Pour cela, E. propose des séances individuelles ou de groupe, mêlant confidences intimes et hypnose, où les participantes sont invitées à revivre leur vie de fœtus et à rechercher un supposé traumatisme enfoui chez une ancêtre décédée depuis deux cent cinquante ans. Allant parfois malheureusement jusqu'à convoquer de faux souvenirs auxquels elles se raccrocheront.

Cette technique, E. l'a développée grâce à des connaissances presque magiques, avoue-t-elle fièrement : « Tout ce que je vous dis, je ne l'ai lu et appris nulle part, je n'ai reçu aucun enseignement, je n'ai lu aucun livre sur cette pathologie ou le décodage biologique. J'ai fait l'expérience de la plongée dans la chair, dans la profondeur de la souffrance. Il y a des connaissances qui sont remontées à la surface – je ne sais pas comment ça s'est fait – tout à coup, comme des visions, des messages qui sont devenus extrêmement clairs. Ça sortait de moi, les informations sont venues progressivement. »

Très à l'écoute, d'une voix douce et posée, le Pr Descamps réagit à cette théorie en affichant tout de même quelques réticences. « Avec mes équipes médicales, nous ne prétendons pas avoir la solution à tous les problèmes. Et donc j'ouvre volontiers la porte à ce qui n'est pas médical et de mon ressort, à savoir les médicaments et mes bistouris. Si l'acupuncture, l'ostéopathie, la nutrition, l'activité physique, l'homéopathie, et même des séances de pendule, soulagent mes patientes et leur font du bien, tant mieux. Je ne suis pas obtus. D'ailleurs, quand je donne des cours à des étudiants, je leur conseille de ne pas être campés sur des certitudes absolues. Mais affirmer à une patiente que l'on va la guérir en expliquant que son arrière-grand-mère a été violée ! Ça n'est pas acceptable. Cela va trop loin. »

## *Comment la théorie de l'arrière-grand-mère s'effondre*

Cette théorie selon laquelle le traumatisme d'une ancêtre pourrait être à l'origine de l'endométriose d'une descendante a été conceptualisée dans les années 1970 sous le nom de « psychogénéalogie ». Depuis, des scientifiques se sont penchés sur la question : est-ce biologiquement possible ? Parmi eux, Christophe de La Roche Saint-André. Nous avons contacté ce chercheur en biologie au CNRS à Marseille et vice-président de l'Association française pour l'information scientifique (Afis). Il est passionné et intarissable sur le sujet. Pour lui, en dehors du fait qu'une femme peut transmettre des gènes à son bébé (il s'agit là d'hérédité), un événement se produisant in utero peut avoir des conséquences longtemps après sur cet enfant devenu adulte. « Mais sur plusieurs générations, ce qui impliquerait une transmission "transgénérationnelle", je dis non. Si la science de l'épigénétique a permis de le démontrer sur certains organismes, chez l'humain c'est le grand vide, rien n'est prouvé formellement. Et pourtant, en tant que scientifique, je suis ouvert. Et si le critère, c'est la littérature scientifique, alors la science ne valide pas la psychogénéalogie. Cela peut prêter à sourire, mais imaginez que, lors d'une conférence dans l'Aveyron, des partisans de la psychogénéalogie sont allés jusqu'à expliquer qu'un homme avait développé un cancer des testicules parce que son grand-père avait reçu un coup de pied de chameau mal placé[1] ! »

Christophe de La Roche Saint-André redevient plus sérieux et débute alors sa démonstration : « Pour qu'un traumatisme psychologique vécu par une femme se transmette à sa fille, il faudrait imaginer que ce traumatisme passe du cerveau aux cellules reproductrices, en l'occurrence aux ovocytes, pour se "transformer" en endométriose. Comment ? Je ne sais pas, cela paraît improbable : il se produit au niveau des cellules reproductrices un effacement épigénétique assez global. Mais admettons, et disons que les cellules reproductrices ont réussi on ne sait trop comment à conserver un message épigénétique traduisant ce qui se passe dans le cerveau de l'individu. Or, ensuite, lors du développement de l'embryon, pour refaire un nouvel individu, il se produit une

1. www.biopsychogenealogie-aveyron.com

deuxième étape d'effacement épigénétique. Ces deux étapes sont décrites dans la littérature scientifique depuis longtemps. Pourquoi les informations en rapport avec le traumatisme évoqué ne seraient-elles pas alors effacées ? »

Suite et fin de la démonstration, dans laquelle le chercheur prend visiblement un malin plaisir à faire ressortir l'absurde : « Allez, soyons généreux jusqu'au bout, admettons encore que tous ces obstacles soient franchis et qu'un traumatisme psychique puisse effectivement se transmettre d'une génération à l'autre, jusqu'à provoquer de l'endométriose chez une descendante. Il demeure néanmoins une sacrée embûche statistique. Prenons l'exemple de quatre générations successives : la fille, qui souffre d'endométriose, les parents, les grands-parents et les arrière-grands-parents. Soit en tout quatorze ascendants. Si une des arrière-grands-mères a vécu un traumatisme, comme une fausse couche, pourquoi l'endométriose serait-elle la conséquence de cette fausse couche, et pas d'un traumatisme vécu par un autre aïeul, un homme, par exemple ? Pourquoi, en admettant qu'il existe, le message épigénétique lié à cette fausse couche l'emporterait-il sur ceux associés au vécu des treize autres aïeux ? Et pourquoi cela sauterait-il plusieurs générations ? Et si l'on remonte à davantage de générations, ça se complique encore. Vous voyez bien qu'en allant au bout du raisonnement, cette théorie ne tient pas la route. J'espère que je suis convaincant. En réalité, ces pseudo-thérapeutes semblent s'appuyer sur une science : les données de l'épigénétique. Mais ils n'en saisissent pas la véritable teneur et ne font que picorer. Je visite régulièrement des salons du bien-être. Et j'y constate amèrement le succès de toutes ces pseudo-sciences. Je m'en rends compte : il est difficile lorsqu'on est un patient de concevoir l'idée qu'il n'y ait pas d'explication à la survenue de sa maladie. Si l'on prend l'exemple du cancer, quand la pathologie se déclare, c'est très souvent la loterie, le fruit du hasard. Et il faut accepter que cela n'ait pas de sens. »

*Les guérisseuses du « chant vibratoire »*

Poursuivons notre exploration des pratiques alternatives de « guérison » se revendiquant du féminin sacré. Voici désormais le chant vibratoire, que nous avons découvert quelques semaines auparavant, à nouveau au salon Bien-être Médecine douce, à Paris, à l'occasion d'une autre conférence. Les yeux fermés, au milieu de la scène, une belle blonde filiforme semblait inspirée. Tandis que son tambourin marquait la cadence, sa voix mélodieuse laissait sortir un chant improvisé alternant notes claires et bruits de gorge (« le chant de la terre, de nos racines », a-t-elle expliqué aux spectateurs). « Mon travail consiste en une maïeutique vocale », explicitait quelques instants plus tard cette « guérisseuse de chant vibratoire », en lançant comme une évidence et dans un grand sourire : « Le chant remue la matière et guérit, ça libère des nœuds. » Après avoir osé lever la main au milieu de l'assemblée pour lui demander d'être plus claire, nous n'avons pas été plus avancées : sa réponse ressemblait à du charabia.

Pourtant, autour de nous, l'assistance semblait boire les paroles de cette sympathique thérapeute bretonne. À l'issue de sa performance, un petit groupe d'adeptes (toutes des femmes) s'est formé devant la sortie. L'une d'entre elles, la cinquantaine, racontait à qui voulait l'entendre que notre guérisseuse de chant vibratoire était une « femme fantastique et généreuse ». Elle savait de quoi elle parlait : elle avait déjà participé à l'un de ses ateliers. « Pendant une demi-journée, nous avons fait des exercices de chant. Nous n'étions que des femmes. À un moment, j'ai même réussi à me reconnecter à mon utérus, a-t-elle lancé avec un sourire de béatitude. C'était fabuleux. L'une des participantes n'arrivait pas à se reconnecter, et nous l'avons toutes entourées, c'était un très bel instant. » Autour, plusieurs femmes se laisseraient bien tenter par l'expérience : l'une est déjà « sonothérapeute » (« tout cela me parle », dit-elle songeuse), une autre a l'habitude de réaliser des exercices sonores avec un tambourin, et une dernière a trouvé la guérisseuse « lumineuse » (« elle croyait vraiment à tout ce qu'elle nous a dit pendant cette conférence », a-t-elle ajouté).

Piquées par la curiosité suscitée par cette première expérience, nous décidons de nous renseigner davantage sur cette pratique du chant vibratoire. Une vidéo publicitaire sur YouTube, un clic, et nous voilà rapidement inscrites à un atelier de deux heures et demie mené par M. et son compagnon, D., un soir de semaine, en visio. En fait d'atelier, vous assistez à une vidéo enregistrée interminable vous faisant croire que vous êtes en direct avec nos deux compères. Le couple, tout de rose bonbon vêtu, doux, souriant, rassurant et bienveillant, vous abreuve là aussi de paroles. Heureusement, tout cela est ponctué de chansons qu'ils ont composées et dont les paroles sont extrêmement élaborées : « Vis intensément ta vie/Vibre intensément ta vie [sic]. » Car tel est leur message principal : ils vont vous aider à aller mieux dans votre vie grâce… au chant vibratoire.

M. est une ancienne chanteuse lyrique dotée d'une très belle voix, qui prétend soigner grâce à son organe vocal. Pour cela, elle ne pratique pas un chant banal, non, ce serait trop simple. Elle guérit ses patientes grâce au « chant vibratoire », avec une méthode développée par ses soins : sa voix agit sur la matière. Selon M., la voix et l'intention portées par le chant sont capables de déplacer les cellules, et même de les guérir ! « La voix peut harmoniser tes cellules et les différents corps. Et harmoniser le monde, tout simplement. » Preuve à l'appui, le couple projette une vidéo de quelques minutes, d'une très mauvaise qualité. Nous sommes censées y voir dans la chambre d'une clinique pékinoise une patiente chinoise alitée. Elle est atteinte d'un cancer de la vessie, et l'on aperçoit sur un échographe sa prétendue tumeur dans un coin de l'écran. À côté de la malade, trois « soignants » se mettent à scander quelques mots, et grâce à « leur intention de guérir », affirment M. et D., comme par magie la tumeur régresse à vue d'œil et disparaît. M. et D. sourient, béats d'admiration devant ce miracle.

« C'est n'importe quoi ! » s'emporte la Pre Marie-Pierre Revel, à qui nous avons soumis cette vidéo. Elle est radiologue à l'hôpital Cochin à Paris et experte auprès de l'Institut national du cancer. « Ça ne ressemble même pas à une vessie. Et, non, martèle cette spécialiste de l'imagerie habituée à détecter des cancers, il n'est pas possible de faire disparaître une tumeur en quelques minutes… sauf à le faire via une résection chirurgicale. » En réalité, on découvre assez facilement que cette vidéo est très souvent mise en avant sur les sites Internet complotistes par des pseudo-thérapeutes aux allures de gourou et aux théories « scientifiques » on ne peut plus abracadabrantesques. L'Américain Gregg Braden, auteur de best-sellers ésotériques, en est par exemple l'un des plus fervents promoteurs.

Pourtant, grâce à sa voix, M. prétend avoir guéri maintes « déchirures musculaires qui se remettent en place à l'épaule, des vertèbres qui se remettent en place instantanément et des dépressions ». Et bien plus encore, vous allez voir !

Comment fonctionne la prétendue capacité à guérir du chant vibratoire ? On vous avoue ne pas avoir bien compris. Car, à l'oreille, ce chant ressemble à n'importe quel autre chant. Alors nous préférons vous livrer de façon brute les explications de M. et D. : « Le chant vibratoire est habité et travaille sur la géométrie sacrée. Il replace la géométrie sacrée originelle à l'intérieur du corps.

Ça va travailler également sur les cristallisations intérieures. On dit que nos mémoires sont cristallisées. Avec le chant sacré, on les décristallise, on remet cette harmonie, on libère. » Comprenne qui pourra.

Au passage, nous apprenons lors de cet interminable atelier vidéo que l'Atlantide (dont l'existence ne fait visiblement pas de doute pour notre couple mi-chanteur, mi-chaman) a disparu parce que les habitants de ce royaume fantastique maîtrisaient le pouvoir de la voix, mais qu'ils ont été victimes d'abus de pouvoir de certains de leurs membres…

Mais l'on s'éloigne de notre sujet. Car, selon M. et D., beaucoup de Français ont saisi déjà le pouvoir du chant vibratoire. Le couple assure en effet avoir créé une école de chant qui a formé des « millions de personnes ». Et guéri notamment des maladies qui touchent majoritairement des femmes, comme la fibromyalgie. Pas avare de vidéos, le couple « en mission » nous projette un clip où d'anciennes patientes louent leurs capacités guérisseuses. L'une d'elles s'enflamme : « Le chant vibratoire m'a libérée de mes douleurs de fibromyalgie, ça a été un tremplin vers les étoiles, je me suis dit : tout est possible. » Une autre parle d'auto-guérison. Évidemment, comme nous, vous tiquez. Car, de même que pour l'endométriose, aucune femme atteinte de fibromyalgie n'a encore jamais été guérie par quelque médecine ou thérapie existante. Prétendre le contraire équivaut là encore à du charlatanisme.

C'est alors que débute la deuxième partie de la vidéo-atelier, avec pendant près d'une heure d'insistants encouragements à prendre un rendez-vous téléphonique avec un coach de ladite école de chant vibratoire. « On a besoin de toi, c'est ta mission. Il n'y a pas de risque, il n'y a pas de danger, il n'y a pas d'arnaque.

C'est quelque chose qui est complètement aligné. C'est un vrai cadeau. Vas-y, fonce ! » M. et D. proposent à toutes les spectatrices d'intégrer leur « famille », en somme de devenir praticiennes de chant vibratoire. « C'est ta mission d'âme, une mission de vie. »

Il ne faut surtout pas passer à côté de l'opportunité de notre vie : nous prenons rendez-vous. Le lendemain, puisque le rendez-vous est individuel, Solenne se connecte donc en visio à l'heure dite avec S., la coach. En voici le récit.

Je prétends à nouveau être atteinte d'endométriose. S. souhaite me vendre une formation de quatre mois pour apprendre le chant vibratoire. Selon elle, je pourrai alors « autoguérir » et, en devenant « praticienne », guérir également les autres. Je fais part de quelques doutes sur les super pouvoirs supposés du chant vibratoire. « Bien sûr, m'assène-t-elle d'un ton rassurant, sans sourciller, le chant vibratoire peut guérir le cancer, l'endométriose et la fibromyalgie, et sans prendre de médicaments. Tout ça, c'est naturel. Notre technique agit aux niveaux physique, émotionnel et karmique. On peut également travailler sur le transgénérationnel, c'est-à-dire des blessures qui se répètent et que l'on porte de génération en génération. Le chant vibratoire peut venir nettoyer tout ça. » Toujours la même histoire d'une maladie héritée des ancêtres…

— Mais je chante comme une casserole.

— Ce n'est pas grave. Vous allez acquérir la technique de chant très vite. C'est ludique, rapide et accessible à tous.

S. me fait miroiter un nouveau parcours professionnel. Devenir praticienne, c'est l'assurance d'obtenir, grâce à l'école de chant, de futures patientes. À l'issue de la formation, elle garantit qu'elle m'aidera à remplir mes créneaux de rendez-vous. Selon elle, je peux espérer gagner 1 800 euros par mois, en donnant seulement un soin par jour ! Mais pour cela, il faut d'abord suivre la formation. Celle-ci consiste à visionner des vidéos, à écouter des fichiers audio chez moi sur mon ordinateur, et à bénéficier de seulement deux heures de coaching individuel par mois en visio. Tarif : 497 euros !

« Moins de 500 euros, vous avez de la chance, ironise Didier Pachoud, du Gemppi, groupement qui lutte contre les pseudo-thérapies et les dérives sectaires. Lorsque j'ai fait le même test téléphonique que vous, ce couple m'a proposé une formation de dix jours pour 6 000 euros ! C'était pour participer à une de leurs retraites dans l'abbaye de Valsaintes, dans le Luberon. »

En effet, M. et D. organisent régulièrement des retraites dans cette abbaye cistercienne dédiée selon eux au « féminin sacré ». Là encore, le couple exagère. En réalité, cette abbaye accueille au cours de l'année toutes sortes d'événements, de la « rando brâme du cerf » (véridique !) aux Journées du patrimoine en passant par des ateliers de permaculture, des conférences, des concerts et même des stages de jardinage.

« Les méthodes de ce couple sont tout bêtement les mêmes que celles de nombreux businessmen se revendiquant du courant New Age, poursuit Didier Pachoud. C'est toujours le même discours, avec des folklores qui diffèrent selon la pseudo-thérapie énergétique choisie : "Vous avez en vous des capacités extraordinaires que nous allons vous révéler." On fait miroiter la possibilité de devenir soi-même, comment dire ? "gourou", c'est-à-dire formateur. Je connais une kinésithérapeute qui a ainsi suivi une formation de chaman pendant trois ans. Ça lui a coûté 15 000 euros. On lui assurait aussi des rendez-vous une fois qu'elle se serait installée comme praticienne. Et finalement : quasiment zéro client. Celui qui s'est rempli les poches, c'est le chaman qui l'a formée. »

## « *Moralement, c'est inacceptable* »

Expérience chamanique, exploration de notre grotte intérieure, chant vibratoire : quel est le point commun à toutes ces pratiques ? Toutes vendent une forme de rêve : la guérison, et même la richesse. « L'objectif premier semble être purement financier », analyse dans son rapport annuel 2021 la Miviludes, la Mission interministérielle de vigilance et de lutte contre les dérives sectaires.

« Dérives sectaires », l'expression paraît forte. Mais la Miviludes a en effet dans le viseur plusieurs « thérapeutes » se revendiquant du féminin sacré. Deux conseillères de la Miviludes acceptent de nous recevoir dans leurs bureaux parisiens. Elles ont prévu chouquettes et thé, et surtout de tout nous raconter sur les dérives du féminin sacré, mais à la condition de rester anonymes.

« Nous avons reçu de nombreux signalements et demandes d'avis liés au féminin sacré ces dernières années, plus de 70, explique la première interlocutrice. Le phénomène explose depuis 2021. Dans la mesure où la plupart de ces communautés créent une prison mentale pour les victimes, elles sont pour nous l'œuvre d'une dérive sectaire. Deux saisines concernent même précisément cette suspicion de dérive au chant vibratoire. »

La seconde conseillère s'essaie à expliquer l'engouement pour le féminin sacré : « C'est une façon séduisante de se positionner contre la médecine conventionnelle. Sous prétexte que la médecine est trop technologique, qu'il se pratique des violences gynécologiques, que les femmes ne sont pas suffisamment bien prises en charge, qu'elles sont soignées avec des médicaments inadaptés, ces pseudo-thérapeutes exploitent les peurs et la vulnérabilité de femmes en souffrance en leur promettant de réenchanter le monde. » Et elle conclut : « Moralement, c'est inacceptable. »

Si les méthodes d'escroquerie financière nous ont sauté aux yeux, qu'est-ce qui permet de qualifier ces thérapeutes de gourous sectaires ? Selon nos interlocutrices de la Miviludes, il y a dans les expériences que nous leur décrivons tous les ressorts de l'emprise mentale. « C'est le club des femmes. On parle entre femmes, on va se faire du bien entre femmes. Sous couvert de sororité, on exerce une emprise. Vous avez un risque de déstabilisation mentale parce que les victimes deviennent le sujet d'une communauté et d'un leader qui sait ce que vous devez faire pour guérir votre maladie, votre endométriose. Les victimes s'enferment alors dans un système, une forme d'exclusivité se crée, et donc un isolement. Le plus dangereux, c'est la "philosophie" de ces groupes : l'idée que, si l'on soigne l'esprit, on soignera le corps. C'est une sorte de "pensée magique". Or, si vous ne parvenez pas à guérir, sachez que ce ne sera jamais la faute du leader ou de la cheffe spirituelle, mais votre faute. Vous n'avez pas appliqué comme il faut les enseignements, alors vous culpabilisez. Ça, c'est ce qu'on appelle l'emprise : une mise en état de sujétion psychologique avec des pressions réitérées fortes qui conduisent à des actes gravement préjudiciables. »

« Cela paraît fou et absurde, mais je vous assure que, lorsque vous êtes malade ou dans une situation de détresse, vous vous livrez beaucoup plus facilement à des croyances extrêmes, et quel que soit votre niveau intellectuel, témoigne Didier Pachoud, du Gemppi. J'ai moi-même été adepte d'un mouvement pentecôtiste, il y a bien longtemps. Depuis, j'ai fondé le Gemppi et nous aidons les victimes de sectes. En ce qui concerne les dérives du féminin sacré, nous avons reçu surtout des signalements de maris. "Ma femme est devenue complètement dingue, je ne la reconnais plus", nous disent-ils. Peu à peu, elles passent le plus clair de leur temps libre avec leurs "sœurs", s'isolent de leur famille et de leurs amis et quittent leur mari. Celui-ci finit par craindre qu'elles n'endoctrinent les enfants et renoncent à la médecine conventionnelle. »

Didier Pachoud mais également tous les observateurs que nous avons rencontrés sont formels. Ce « marché » des pseudo-thérapies a de beaux jours devant lui. En effet, nous l'avons déjà évoqué, les maladies féminines ou majoritairement féminines bénéficient d'un diagnostic balbutiant, si bien qu'il est difficile d'estimer le nombre de patientes en France. Mais « à la louche », et pour ne considérer que les principales pathologies, l'endométriose concerne 2 millions de femmes ; la fibromyalgie, environ 1 million ; le syndrome des ovaires polykystiques, 1 million également. Soit presque autant de femmes emplies d'interrogations, qui obtiennent rarement des réponses à leurs questions de santé. Autant de femmes fragilisées, aussi. En somme, un énorme vivier pour des pseudo-thérapeutes malintentionnés.

# Un endroit à soi

Puisque la santé des femmes devient un sujet davantage grand public et que les déserts médicaux s'étendent, signe d'un accès aux soins de plus en plus problématique, certains ont compris l'intérêt de développer une offre spécialisée, que ce soient des cabinets de médecins ou des lieux aux contours plus flous, où l'on peut aller piocher des conseils et acheter divers produits.

Ces nouvelles offres se multiplient et nous sont apparues alors que nous écrivions ce livre : Marie-Morgane, qui souffre d'endométriose, a donc pris rendez-vous.

Je suis dans un boudoir, me dis-je en ce vendredi après-midi de printemps. J'ai échappé à la pluie pour entrer dans un de ces jolis endroits dont regorge la capitale. Je pourrais être dans un spa un peu standing, où m'attendrait une masseuse professionnelle en tenue rose, mais il s'agit d'un centre de bien-être pour femmes, un « temple du bien-être », comme on me l'a rappelé par texto lorsque j'ai pris rendez-vous.

Le lieu reprend les codes de la boutique de lingerie, avec des culottes menstruelles de diverses couleurs, des maillots de bain menstruels, divers baumes et des coupes menstruelles sur les présentoirs. Il propose également nombre de prestations : de la naturopathie, des massages énergétiques, et même des consultations sur le plaisir.

Je suis accueillie par une jeune femme qui me fait patienter quelques instants. J'ai le temps d'examiner les affiches me rappelant que je suis « la chose la plus importante » qui soit, ce qui me laisse dubitative. La naturopathe avec laquelle j'ai pris rendez-vous – appelons-la Anna – me reçoit et me propose d'abord une tisane. J'aurais préféré un café bien serré, mais on m'expliquera plus tard que cette boisson excitante n'est pas indiquée pour ce dont je souffre, et me voilà attablée à raconter mes symptômes d'endométriose à la douce trentenaire.

Après m'avoir interrogée sur la régularité de mes règles, mon parcours, le nombre d'enfants que j'ai, la façon dont j'ai enfanté, elle en vient à me poser des questions plus spécifiques sur mes symptômes. Ai-je des douleurs au moment des rapports sexuels ? Des douleurs intestinales ? Des douleurs au moment de l'ovulation ? Tout est évoqué pendant que je sirote ma tisane.

« Dans l'endométriose, l'alimentation a une part très importante, c'est même 80 % de la gestion de l'inflammation », me dit Anna en m'expliquant que je dois réduire ma consommation de café (et de bien d'autres aliments).

Anna poursuit. Pour améliorer mes symptômes, il va donc falloir travailler sur cette partie inflammation de la pathologie. Car l'inflammation agit « comme une barrière au niveau de nos muqueuses. Que ce soit au niveau digestif, musculaire ou utérin. C'est comme une couche qui empêche une bonne vascularisation, la bonne absorption des vitamines : l'inflammation est le problème numéro un de plein de carences ».

Puis Anna va chercher sur un présentoir à l'avant de la boutique deux produits qui seraient « intéressants » dans mon cas. Car, ici, on propose des solutions, et des solutions qui ne sont pas gratuites, comme vous pouvez vous en douter. Il s'agit de compléments alimentaires aux noms exotiques (*Taraxacum officinale* ou *Schisandra chinensis*), qui doivent permettre de « travailler sur le foie et la partie hormonale ». Mon foie (qui n'avait rien demandé) doit repartir de zéro, m'assène Anna, ce qu'il fera sans difficulté grâce à ce complément à 28 euros le flacon.

Je repousse deux autres flacons de compléments alimentaires, qui auraient encore davantage fait grimper la facture. Mais Anna parvient à me vendre une huile, pour « réduire l'inflammation utérine », dit-elle. Il s'agit du « protocole de base, 3 ml tous les matins à jeun. Au bout d'un mois, on fait le point ». Ce deuxième produit m'est aussi facturé près de 30 euros, ce qui n'est pas exactement négligeable.

Vous vous demandez peut-être ce qu'ont donné ces ingrédients magiques ? À mon grand regret, je n'ai pas vu d'effet probant, mais peut-être est-ce parce que j'ai fait une cure d'un mois seulement. Les douleurs sont restées, absolument identiques. À ce tarif, on peut comprendre qu'on hésite à y retourner sans preuve scientifique.

Or, des preuves scientifiques, en allant sur le site de l'entreprise qui produit ces compléments, on n'en a pas trouvé. Le site web de l'entreprise propose bien un onglet « références scientifiques ». Mais, lorsque l'on clique dessus, il ne contient que du *Lorem ipsum*, ce faux texte utilisé lors des mises en pages, dans l'attente du texte définitif. Visiblement, le webmaster n'avait pas terminé le travail…

Pour être honnêtes, lorsque nous avons interrogé directement la société, celle-ci nous a fourni très rapidement une réponse comportant des liens vers plusieurs articles scientifiques, ces derniers faisant référence à des études sur des rats.

« Il est également important de mentionner que la recherche sur l'endométriose est encore à ses débuts, même dans la médecine allopathique. Par conséquent, elle est encore plus limitée en ce qui concerne les traitements complémentaires. Cependant, ce n'est pas parce qu'une étude spécifique n'existe pas que les bienfaits potentiels des plantes médicinales n'existent pas. Nous nous efforçons de baser nos formulations sur les meilleures connaissances disponibles pour offrir un soutien efficace », nous a aussi expliqué cette société. Tout en prenant soin d'ajouter : « Bien que nous soyons convaincus des avantages potentiels de notre élixir pour améliorer le bien-être, nous insistons sur le fait qu'il ne remplace pas un traitement médical professionnel. Nous vous encourageons à consulter un professionnel de santé pour toute question spécifique concernant votre santé. »

Nous avons de nouveau demandé son avis au professeur de pharmacologie Mathieu Molimard, qui nous a rappelé l'article du Code de la santé publique sur les médicaments : « On entend par médicament toute substance ou composition présentée comme possédant des propriétés curatives ou préventives à l'égard des maladies humaines ou animales, ainsi que tout produit pouvant être administré à l'homme ou à l'animal, en vue d'établir un diagnostic médical ou de restaurer, corriger ou modifier leurs fonctions organiques. »

À partir du moment où le site fait très attention à ne pas enfreindre la législation sur les médicaments, il est couvert légalement, il ne peut être condamné pour exercice illégal de la médecine ou de la pharmacie. Pour le reste, commente Mathieu Molimard, « on est dans de l'effet placebo ».

Nous retrouvons ici à la fois le grand flou dont nous avions parlé dans les précédents chapitres et la volonté, pour le laboratoire producteur comme pour le centre de bien-être pour femmes, de capitaliser sur une clientèle a priori aisée, prête à sortir son portefeuille.

L'endroit dont nous parlons n'a d'ailleurs pas été créé par des médecins mais par de jeunes entrepreneuses, diplômées en communication et en droit, avec l'appui de la Banque publique d'investissement. Cette start-up met en lumière les questions de santé des femmes, on ne peut lui retirer cela, même si elle a semblé impuissante à résoudre les problèmes de santé de Marie-Morgane.

### *Des « consommatrices » de soins*

Les publicitaires ont longtemps considéré les femmes comme des « ménagères de moins de 50 ans ». Aujourd'hui, ils parlent de « responsables des achats au sein du foyer », un phénomène transposable à la médecine, puisque les femmes sont souvent celles qui prennent rendez-vous chez le médecin, pour elles ou pour le reste de la famille. Elles prennent aussi davantage soin de leur santé que les hommes. En 2019, l'Insee a montré que 88 % des femmes avaient consulté un généraliste au cours de l'année, contre 80 % des hommes[1]. Et 53 % des femmes avaient pris rendez-vous avec un spécialiste, contre 40 % des hommes seulement. En clair, les femmes « consomment » davantage de soins médicaux. Et ces centres de santé dédiés aux femmes ont bien compris qu'il existait une demande, et donc un marché.

« Quand une sage-femme s'installe dans notre centre, son carnet de rendez-vous est plein en à peine deux semaines, explique Clémence Lejeune, l'une des fondatrices et la présidente de Sorella Care. À cause de la pénurie généralisée de soignants en France, en particulier de gynécologues et de sages-femmes, la demande est énorme. »

1. Sur www.insee.fr : *Femmes et hommes, l'égalité en question*, 2022.

Sorella Care fait partie de ces jeunes groupes qui créent des centres dédiés à la santé des femmes. Son premier « espace de santé », ouvert en 2023, est implanté dans la banlieue sud cossue de Paris, à Issy-les-Moulineaux, dans un espace de trois cents mètres carrés où se côtoient une vingtaine de professionnels de santé : sages-femmes, gynécologues, diététiciens, kinésithérapeutes, ostéopathes, psychologues et pédiatres. Les avis des patientes sur Internet sont élogieux, il est possible de prendre un rendez-vous médical même le dimanche, en plus de participer à des ateliers nutrition ou des cours de fitness et de yoga.

Mais à cause de la pénurie de personnel soignant, la difficulté pour le groupe est d'attirer justement des professionnels de santé. « Notre atout, c'est d'offrir une solution "clé en main", assure Clémence Lejeune. Nous fournissons aux professionnels de santé les locaux, le matériel, l'aide administrative (facturation, comptabilité) et assurons le ménage. Et ils n'ont rien d'autre à faire que s'occuper de leurs patients, c'est un confort appréciable, nous disent-ils. En outre, nous proposons un entre-deux entre l'exercice libéral solo et l'hôpital. Au sein de notre centre, ils travaillent en équipe avec d'autres experts de santé. »

Fondée par une avocate, un ingénieur et une responsable management et création d'entreprise (Jeanne Theuret, Youssef Benhaddou et Clémence Lejeune), Sorella répond à un business model de plus en plus classique dans le monde des centres de santé privés. Sur le plan administratif, les professionnels de santé y exercent en libéral, « ils pratiquent des dépassements d'honoraires raisonnables, tous remboursés par les mutuelles. Et ils versent à Sorella des rétrocessions d'honoraires. Mais je ne souhaite pas vous communiquer le pourcentage, il est confidentiel ». Quoi qu'il en soit, Clémence Lejeune estime que le modèle est rentable au bout de dix-huit mois et ambitionne d'ouvrir une douzaine de nouveaux centres à l'horizon 2026.

Pour en arriver là, la jeune entreprise a été accompagnée par des investisseurs. Une première levée de fonds de 2 millions d'euros a été nécessaire pour ouvrir le premier centre. Une deuxième levée de fonds de 5 millions d'euros a été réalisée l'année suivante, en 2024. L'investisseur principal de cette opération est Blisce, une société d'investissement « basée entre Paris et New York », tandis qu'un autre, Vorwerk Ventures, un fonds basé à Berlin, est spécialisé dans la santé, l'alimentation et l'écologie.

Nous avons évoqué deux centres de soins et de bien-être dédiés aux femmes, mais sachez que bien d'autres groupes surfent sur cette vague et continuent de fleurir : SFFERe, Poemana, Jeen, La Clinique des femmes, Gynea, Pointgyn... Dans l'ensemble, tous ces centres proposent à la fois des consultations médicales et des ateliers « bien-être ». Pour les consultations, il existe parfois de très importants dépassements d'honoraires. Par exemple, tel centre propose l'échographie du troisième trimestre de grossesse pour 190 euros, quand l'Assurance maladie n'en rembourse que 80 euros. Ou tel autre peut réaliser une hystérosonographie (examen qui vient généralement en complément d'une échographie pelvienne) pour la modique somme de 150 euros, soit plus du double du tarif Sécu (70 euros). Pour les ateliers « bien-être », quelques exemples de prix : 15 euros la séance de yoga postnatal ; 69 euros la séance d'« accompagnement des maux du 3e trimestre » ; 100 euros la séance de naturopathie.

Vous le comprenez, cette santé « cocooning » n'est pas à la portée de toutes les bourses. D'ailleurs, tous ces centres de santé dédiés aux femmes sont localisés dans les beaux quartiers parisiens, ou dans ses banlieues chics, Issy-les-Moulineaux et Boulogne.

### « *Le signe de la financiarisation de la santé* »

« À Saint-Denis [93], il n'y a aucune chance d'en trouver, bien sûr, raille la Dre Ghada Hatem. Sans doute parce qu'il n'y a pas la patientèle qui va consommer ce genre de soins. Car, oui, c'est bien une forme de consommation. » La fondatrice de la Maison des femmes, une structure qui vient en aide aux femmes victimes de violences, ajoute : « Par comparaison, à la Maison des femmes, la consultation est facturée 26,50 euros, au prix de remboursement de l'Assurance maladie [tarif 2024], et pas 140 euros. Nos ateliers "bien-être" et "estime de soi" sont absolument gratuits. Cela n'a rien à voir avec ces centres qui ont une visée commerciale. »

Du genre dynamique et qui n'a pas sa langue dans sa poche, la gynécologue obstétricienne poursuit : « Les créateurs de ces centres de santé pour femmes surfent sur une tendance, et mettent en avant le progrès, le féminisme et la sororité. Mais ces structures ne sont rien d'autre que des centres de santé pour femmes ayant une certaine aisance financière. Qu'on y pratique une médecine bienveillante, qu'on y accompagne les femmes d'une façon qui leur convienne et leur fasse du bien, tout cela ne me pose aucun problème. Mais vouloir le présenter comme quelque chose de très engagé, comme un apport extraordinaire au bien-être des femmes, j'avoue que ça me laisse coite. Il s'agit là de centres de santé qui ne sont ni municipaux ni gratuits. Ce sont des lieux rentables. Ils sont le signe croissant de la financiarisation de la santé, à l'image des centres dentaires et optiques qui ont éclos ces dernières années partout en France. »

Elle conclut : « En parallèle, il existe depuis bien des années des maternités très à l'écoute des femmes, comme Saint-Vincent-de-Paul et Les Bluets à Paris, ou la maternité pionnière des Lilas.

Déjà à l'époque, l'attention était portée sur les femmes, leurs projets, leur rythme et leurs besoins. Et cela n'a pas été inventé hier matin. »

## *Un accès à la santé difficile*

Car il est ici bien question d'accessibilité à la santé. Aujourd'hui, la santé des femmes a un coût. Selon Maria Roubtsova, chargée de mission Santé au sein de l'association de consommateurs UFC-Que Choisir[1], 71,4 % des gynécologues libéraux pratiquent des dépassements d'honoraires. « En se basant sur leurs tarifs de 2022, notre étude montre que les gynécologues pratiquent des dépassements de plus de 20 euros en moyenne, détaille-t-elle. Dans les départements les plus chers, par exemple, à Paris, le tarif moyen de la consultation est de 80,50 euros, ce qui correspond à un dépassement moyen de 50,50 euros puisque le tarif de la Sécurité sociale est de 30 euros [tarifs 2022]. »

Il y a Paris et sa région, où systématiquement la consultation gynécologique dépasse les 50 euros. De manière générale, les dépassements les plus importants concernent les grandes agglomérations. Mais pas uniquement : ainsi, dans l'Eure-et-Loir, la consultation s'élevait en 2023 en moyenne à 53,60 euros, dans le Maine-et-Loire, à 52 euros. Et, en Corrèze, à 57,60 euros ! « Cela signifie que presque toutes les zones sont concernées par les déserts géographiques ou par les déserts financiers, poursuit Maria Roubtsova. Pour le patient, il n'y a donc de salut nulle part. Et l'on sait qu'à cause du manque global de médecins, quand un ou

1. « Dépassements d'honoraires : la chargée de mission santé à UFC-Que Choisir souhaite que la Sécurité sociale "prenne davantage de contrôle" sur les tarifs de base », *Franceinfo.fr*, 22 février 2024.

une patiente doit absolument consulter et que ça devient urgent, il·elle commence à être prêt·e à payer n'importe quel tarif. »

La santé devient chère. Et parallèlement, les centres publics sont de moins en moins nombreux. Christine Jacob-Schuhmacher nous donne rendez-vous au ministère de la Santé, dans son bureau avec vue imprenable sur la tour Eiffel. Elle travaille à la Direction Générale de la Santé (DGS), où elle occupe le poste de sous-directrice chargée de la santé des populations et de la prévention des maladies chroniques.

« Nous sommes conscients du fait que, dans certains territoires, l'accès aux gynécologues reste difficile, reconnaît-elle. Certes, ce dont vous me parlez, ces structures de soins dédiées aux femmes et créées par des financeurs privés, siphonnent des professionnels de santé. Mais nous, ministère de la Santé, n'avons pas la main dessus. Notre rôle est de concevoir des politiques publiques et de créer un cadre juridique. Et nous restons une démocratie dans laquelle les professionnels sont libres d'aller travailler là où ils le veulent. »

Elle qui a vécu en Allemagne durant plusieurs années s'avance à faire la comparaison. « Effectivement, les Françaises galèrent. Mais, je vous rassure, les Allemandes galèrent aussi. Et les Italiennes et les Espagnoles probablement aussi. Cette situation est liée à la pénurie et à la démographie des professionnels de santé. Dans le passé, les décisions politiques sur le numerus clausus n'ont pas été réfléchies et ne se projetaient pas sur quarante ans. Donc, aujourd'hui, nos pays sont tous confrontés à cette difficulté de démographie médicale. Mais avec l'augmentation récente du nombre de médecins formés, même si l'accès aux gynécologues reste une source de galère pour les Françaises de notre génération, je suis optimiste. Ça ira mieux pour nos filles, et j'espère encore mieux pour nos petites-filles. »

En attendant, citons encore un exemple, à l'opposé de ce qui se voit dans les centres chics que nous avons évoqués plus haut.

En région Bourgogne-Franche-Comté, plus particulièrement dans le département de la Haute-Saône, il n'existe quasiment plus de gynécologue installé en libéral. Dans tout le département, touché comme beaucoup d'autres par la désertification et le recul des services publics. Conclusion : pour consulter un gynécologue, il faut le plus souvent se rendre à l'hôpital, sur recommandation de son médecin traitant. À Belfort, à l'hôpital Nord Franche-Comté, le Dr Thomas de Lapparent, qui récupère les patientes non suivies en libéral, nous a expliqué se concentrer sur les femmes atteintes d'une pathologie. « L'ancienne génération de gynécologues disait : Il faut voir un gynéco une fois par an. Moi, je dis aux patientes : Je vous ai fait un frottis, si tout va bien, le prochain sera dans cinq ans. S'il n'y a aucun problème, ne venez pas me voir. Les sages-femmes prennent le relais. »

« Si on veut assurer la prise en charge des gens qui ont un problème de santé, on n'a pas le choix, ajoute-t-il. Les gynécologues spécialistes ne peuvent pas assurer le suivi de toute la population qui va bien et assurer en même temps les chirurgies. »

Entre les services coûteux des centres spécialisés pour femmes à Paris – où les rendez-vous sont obtenus rapidement – et la réalité du terrain en milieu rural, il y a un fossé qui se creuse de plus en plus. Vous l'avez compris, se joue en ce moment une financiarisation sans précédent de la santé des femmes. Rêve de prospérité pour les investisseurs audacieux ; inégalité d'accès aux soins pour les patientes, en revanche. On le voit notamment avec ces centres de santé privés dédiés aux femmes qui amplifient le phénomène de désertification médicale. Demain, entre les femmes qui pourront payer une échographie hors de prix et celles qui devront attendre faute de moyens financiers suffisants, il faut redouter l'avènement d'une santé à deux vitesses.

# Il reste tant à faire

Nous avons essayé de montrer dans cet ouvrage que les hommes et les femmes ne sont pas logés à la même enseigne en matière de prise en charge de leur santé. En ce qui concerne l'endométriose, le fibrome, les maladies cardiovasculaires, le retard paraît évident. Mais pour finir, il nous semble nécessaire d'évoquer ces maladies qui ne sont ni des « pathologies de femmes » (les fameuses « maladies bikini »), ni des « pathologies d'hommes » (loin de là, puisqu'elles touchent davantage de femmes).

Migraine, Alzheimer, maladies auto-immunes : pourquoi les femmes en sont-elles les principales victimes ? Longtemps, cela est resté un mystère de la science. Heureusement et patiemment, des chercheurs commencent à assembler quelques pièces du puzzle qui, il faut le dire, avaient très longtemps été laissées éparpillées sans que personne ne s'y intéresse.

## *La migraine pour compagne*

Elle s'en serait bien passée, de cette « maladie de bonne femme », comme elle dit. À 61 ans, Sabine Debremaeker vit avec la migraine pour compagne. Une forme rare de migraine. Une année, elle a compté 249 jours de crise. De sa souffrance, elle a fait un combat. Elle a fondé et dirige depuis 2018 l'association La Voix des migraineux, « créée pour que la maladie ne soit plus invisible ». Alors, quand nous l'avons contactée par mail pour lui présenter notre démarche et lui proposer de témoigner, elle a répondu oui dans la minute et a organisé un entretien par écrans interposés.

Elle nous raconte son quotidien avec cette maladie devenue si sournoise qu'elle n'en quitte plus ses lunettes de soleil, à l'extérieur comme à l'intérieur. La sensibilité, voire l'intolérance à la lumière peut provoquer une nouvelle crise à tout moment : « Sans mes lunettes, je ne pourrais pas vivre, c'est l'accessoire associé à ma pathologie, comme certains ont une canne. »

La migraine, elle tient à le préciser d'emblée, n'a rien à voir avec une céphalée, un simple mal de tête. Quand la crise survient, « n'importe où et n'importe quand », son côté gauche s'engourdit puis se paralyse et Sabine Debremaeker ne voit plus. « Parfois, pour tenter d'atténuer la douleur, je m'allonge et je glisse une poche de glace de la taille d'un oreiller sous ma tête, une autre au-dessus. » Elle en rigole : « Les médecins m'avaient dit : pas plus d'une demi-heure. Tu parles, je reste trois heures comme ça, sans bouger, parce qu'au moindre mouvement la douleur s'accentue. »

Et elle liste « toutes les choses absurdes qu'on fait lors d'une crise de migraine », quand la souffrance est devenue insupportable : « Certains migraineux se tapent la tête contre les murs, d'autres se couchent sous la douche glacée ; au travail, ils se réfugient aux toilettes pour s'allonger ou pour vomir. Et même certains patients racontent s'enfoncer une aiguille dans le corps pour détourner la douleur de leur crâne. Les migraineux sont prêts à tout, même aux solutions les plus extrêmes, pour trouver juste un instant un peu d'apaisement. D'ailleurs, 15 % des migraineux ont songé au suicide. » Cette dernière donnée résulte d'un sondage mené par La Voix des migraineux.

## *Une « maladie de bonne femme »*

La migraine est donc une histoire de femmes. L'Assurance maladie affirme que 12 % des adultes souffrent de cette pathologie (soit 11 millions de Français). Elle est reconnue par l'OMS comme la deuxième maladie neurologique la plus invalidante, après l'AVC. Les femmes y sont deux à trois fois plus sujettes que les hommes.

Pourquoi cette proportion ? Les chercheurs n'ont pas encore identifié les causes, mais l'idée d'un double terrain favorable semble aujourd'hui faire consensus. Premier facteur, la migraine se développe chez des personnes aux prédispositions génétiques complexes. Deuxième facteur, les hormones féminines jouent un rôle dans la crise migraineuse. En effet, un peptide est au cœur de la maladie, libéré lors d'une crise : le CGRP ou *calcitonin gene-related peptide* (en français, « peptide relié au gène de la calcitonine »)[1].

Les médecins ont constaté que la variation du taux de ce peptide dans le corps était liée aux variations des fluctuations hormonales des femmes. Ainsi, en début de cycle (au premier jour des règles), lorsque le taux d'œstrogènes chute chez la femme, le taux de CGRP est inversement plus élevé. D'où des migraines fréquentes en début de règles[2]. Les crises débutent souvent à la puberté et ont tendance à diminuer après la ménopause et avec la

1. Velina Tzankova, Werner J. Becker, Tommy L. H. Chan, « Diagnostic et traitement à action immédiate de la migraine », *Canadian Medical Association Journal*, avril 2023.

2. Bianca Raffaelli *et al.*, « Sex hormones and calcitonin gene-related peptide in women with migraine. A cross-sectional, matched cohort study », *Neurology*, avril 2023.

grossesse, lorsque les hormones sexuelles sont sécrétées de façon homogène. Tout cela laisse donc supposer que les hormones féminines ont une fonction essentielle dans les mécanismes de la migraine. D'ailleurs, une étude néerlandaise a montré que les hommes migraineux avaient des taux d'œstrogènes dans le corps supérieurs à ceux des autres hommes[1].

## *Quels traitements ?*

La recherche a beaucoup progressé ces dernières années et les traitements se multiplient, faute de pouvoir guérir la migraine[2]. Plusieurs classes de médicaments ont fait leurs preuves pour soulager les crises ou les prévenir, et certains autres sont très attendus. Citons ainsi les triptans, les ditans, les gépants, l'électrostimulation ou encore les anticorps monoclonaux anti-CGRP.

Pour autant, estime l'Assurance maladie, un tiers des malades n'ont jamais consulté et ont recours à l'automédication. « En fait, beaucoup de migraineux ont bien évoqué leurs symptômes avec leur médecin, analyse Sabine Debremaeker, mais ils n'ont jamais été entendus. Les généralistes sont insuffisamment formés. Alors, devant un cas de patient migraineux, par défaut de connaissances, ils renvoient les malades vers des psys, leur disent qu'il n'existe pas de traitement et prescrivent du paracétamol. Ce qui évidemment ne fonctionne pas. Quant aux neurologues, lorsqu'ils doivent choisir une spécialisation au cours de leur formation, rares sont ceux qui choisissent de se pencher sur la migraine : ce n'est pas prestigieux. »

1. Willebrordus PJ van Oosterhout *et al.*, « Female sex hormones in men with migraine », *Neurology*, juin 2018.

2. Velina Tzankova Werner J. Becker, Tommy L. H. Chan, « Prévention pharmacologique de la migraine », *Canadian Medical Association Journal*, avril 2023.

On ose alors lui poser la question : cette décrédibilisation de la migraine est-elle liée à une forme de misogynie ? « Je ne sais pas », répond Sabine Debremaeker. Elle reprend, songeuse : « Cette impression, cette rumeur, cette idée préconçue que la migraine est une "maladie de bonne femme", oui, ça doit être à l'origine de tout. D'ailleurs, les critères diagnostiques ont été construits sur cette idée. Et c'est malheureux pour les hommes qui en souffrent. Vous comprenez, dans notre culture, quand ils souffrent, les hommes ne doivent pas se plaindre, eux. Ils sont censés être forts. Alors les patients hommes eux-mêmes minimisent la maladie. » En effet, près de 7 % des hommes souffrent de migraine, mais ces malades consultent rarement et passent inaperçus, estiment les neurologues. Les clichés font décidément des victimes de tous côtés.

## *Pourquoi les femmes souffrent davantage d'Alzheimer*

Voici une autre maladie à l'asymétrie hommes-femmes marquée : Alzheimer. En France, par exemple, sur le million de personnes qui en souffrent, 60 % sont des femmes. Plusieurs hypothèses sont aujourd'hui formulées pour expliquer la surreprésentation des femmes dans cette maladie neurodégénérative. D'abord, c'est une maladie dont les symptômes se déclenchent à un âge avancé. Les hommes qui auraient dû déclencher les symptômes d'Alzheimer à partir de 75-80 ans sont souvent déjà morts, ce qui n'est pas le cas des femmes, qui ont une espérance de vie plus élevée. CQFD.

Pour autant, cette explication simple et certainement logique n'est pas suffisante car jusqu'à 80 ans, à âge égal, l'incidence d'Alzheimer chez les femmes est aussi plus élevée.

Les œstrogènes, toujours eux, expliqueraient la progression plus rapide de la maladie chez les femmes. Ou plutôt l'absence d'œstrogènes. Les chercheurs observent que ces hormones auraient un effet protecteur sur le cerveau, en particulier contre diverses agressions cellulaires et l'accumulation toxique de plaques bêta-amyloïdes, caractéristique d'Alzheimer[1]. Dès lors que la sécrétion d'œstrogènes chute, à la ménopause, l'effet protecteur s'effondre et les neurones perdent leurs défenses.

Mais alors, et les hommes ? Leur taux d'œstrogènes est pourtant faible ! rétorquerez-vous. En effet, mais ils sécrètent une hormone équivalente : la testostérone. Il a été démontré que la testostérone joue le même rôle protecteur que les œstrogènes chez les femmes[2]. Et, une chance pour eux, leur taux de testostérone ne baisse que très légèrement avec l'âge.

Mais il faut aussi chercher des explications socio-culturelles, notamment dans le schéma de la femme au foyer glorifié dans les années 1950 et 1960, qui a posteriori les dessert aujourd'hui. Les femmes âgées désormais de plus de 80 ans ont, dans leur jeunesse, suivi moins d'études supérieures que les garçons, voire pas du tout. En conséquence du manque de stimulation intellectuelle, leur « réserve cognitive », c'est-à-dire le développement de liens entre les neurones, est plus basse que celle de leurs camarades masculins[3]. Or, plus vous avez de connexions neuronales, plus l'expression de la maladie d'Alzheimer est retardée. Ainsi, en 1990, des chercheurs britanniques ont étudié le cerveau post-mortem de 872 personnes, dont plus de la moitié étaient atteintes de démence au moment du décès. La conclusion : celles qui avaient

1. Hee Kyong Park *et al.*, « The effects of estrogen on the risk of developing dementia : a cohort study using the UK biobank data », *The American Journal of Geriatric Psychiatry*, juillet 2024.

2. S. D. Moffat *et al.*, « Free testosterone and risk for Alzheimer disease in older men », *Neurology*, janvier 2004.

3. Yaakov Stern, « Cognitive reserve in ageing and Alzheimer's disease », *The Lancet Neurology*, novembre 2012.

fait des études longues présentaient un risque de démence réduit. Dans cette étude, les scientifiques inventent le terme de « dose » d'éducation[1], une expression pas très jolie mais qui a le mérite d'être claire.

Heureusement, ce facteur aggravant sera peut-être bientôt de l'histoire ancienne puisque les femmes ont accédé plus largement aux études supérieures à partir des années 1960. De nos jours, la plupart travaillent, sont intellectuellement stimulées tout au long de leur vie. Et déjà les études épidémiologiques montrent que cet effet différentiel femmes-hommes sur la maladie a tendance à s'estomper progressivement[2].

## *Les inconnues de la maladie*

Hormones, niveau d'études… notons qu'il faut bien prendre ces explications pour des hypothèses, des suppositions, et non des vérités absolues. Car désolées de nous répéter, mais là encore, la recherche sur Alzheimer a pris du retard, sans doute parce qu'il est encore question de femmes. En tout cas, c'est l'avis du D^r^ Olivier de Ladoucette. Le président de la Fondation Recherche Alzheimer, qui participe activement à mettre en lumière cette pathologie et les avancées des travaux scientifiques, a tout de suite accepté un échange lorsque nous l'avons contacté. Pour celui qui est aussi gériatre et psychiatre, il reste encore de nombreuses inconnues. Ainsi, le facteur hormonal. Si, on l'a dit, la chute des taux d'œstrogènes à la ménopause semble expliquer une progression plus rapide de la maladie chez les femmes, quid de l'effet

1. Carol Brayne *et al.*, « Education, the brain and dementia : neuroprotection or compensation ? », *Brain*, août 2010.
2. Yaakov Stern, « Cognitive reserve in ageing and Alzheimer's disease », art. cit.

du traitement hormonal de la ménopause (THM) ? Composé notamment d'œstrogènes, il devrait logiquement compenser les effets de la ménopause et protéger le cerveau des femmes. Logiquement. « Mais en fait on n'est pas très au clair là-dessus, analyse le Dr Olivier de Ladoucette. Certaines études disent que le THM protège les femmes d'Alzheimer, d'autres affirment le contraire. Le consensus scientifique aujourd'hui est plutôt de dire que, pour Alzheimer, le THM ne sert pas à grand-chose. »

Autre inconnue : la dépression, un mal majoritairement féminin. Pour deux hommes dépressifs, on compte trois à quatre femmes. Or le fait d'avoir traversé un épisode dépressif dans sa vie semble augmenter le risque de démence. Parallèlement, les médecins observent que 40 % des malades d'Alzheimer souffrent de dépression, cette dernière contribuant ainsi à aggraver les symptômes[1]. Mais alors la dépression est-elle un facteur de risque de déclencher Alzheimer ou une conséquence ? « Personne ne le sait, constate le Dr Olivier de Ladoucette. C'est l'histoire de l'œuf et de la poule. Il s'agit d'un phénomène très intriqué, et il est difficile de savoir quelle est la cause et quelle est la conséquence. »

Enfin, il reste un énorme pan de recherche à mener sur l'influence du mode de vie sur l'apparition d'Alzheimer. Moult études constatent que le risque de développer la maladie est 40 % plus élevé chez les gros fumeurs et 50 % chez les gros buveurs d'alcool. Un régime alimentaire sain et l'activité physique pourraient en revanche en préserver. Mais si ces liens ont été observés, la causalité scientifique n'a pas encore été démontrée pour autant.

Les chercheurs ont donc encore fort à faire pour comprendre les mécanismes d'Alzheimer, maladie toujours incurable. Et puisque davantage de femmes sont touchées, « il faut tenir compte de la

1. Maria Teresa Ferretti *et al.*, « Sex differences in Alzheimer disease – the gateway to precision medicine », *Nature Reviews Neurology*, août 2018.

variable "sexe" dans les études, ce qui n'est pas toujours le cas, plaide le Dr de Ladoucette. Les souris "bidouillées" pour devenir malades d'Alzheimer ne sont que des mâles, et beaucoup d'études épidémiologiques ou de tests de médicaments de phase II ou III ne font pas de différence entre hommes et femmes. C'est un tort ».

Il y a urgence à mener cette recherche différenciée. Car selon l'Organisation mondiale de la santé, 55,2 millions de personnes sont atteintes de démence dans le monde, en premier lieu de la maladie d'Alzheimer. D'après les estimations, ce nombre devrait atteindre 78 millions en 2030 et 139 millions en 2050[1]. Et évidemment, si la tendance se confirme, il y aura une prédominance féminine. Sans oublier l'entourage des malades, dont la vie est balayée par cette maladie dévastatrice. « Aujourd'hui, si la majorité des patients sont des femmes, c'est le cas aussi de la plupart des aidants. Alzheimer est donc doublement une maladie de femmes », conclut Olivier de Ladoucette. Oui, une double peine, en quelque sorte.

### *Les maladies auto-immunes : 80 % de femmes*

Connaissez-vous le point commun entre les actrices, chanteuses ou anciennes sportives Céline Dion, Selena Gomez, Sharon Stone, Venus Williams, Lady Gaga, Nathalie Simon et Zoe Saldaña ? Elles sont toutes des femmes, d'accord. Mais surtout, toutes ont déclaré être atteintes d'une maladie auto-immune : lupus, syndrome de Gougerot-Sjögren, vitiligo, syndrome de la personne raide ou encore thyroïdite d'Hashimoto. Ces noms peuvent paraître barbares, les pathologies, rares, mais finalement pas tant que cela. Car une femme sur six déclenchera dans sa vie

1. www.who.int

une maladie auto-immune, et, au vu de cette statistique impressionnante, il est logique que nos stars n'en soient pas exemptes.

Au moins 80 pathologies sont recensées sous ce vocable de « maladie auto-immune ». Dans tous les cas, le système immunitaire dysfonctionne à tel point qu'il se met à « attaquer » l'organisme qu'il est pourtant censé protéger. En clair, le corps du malade se retourne contre lui-même. Car si 8 % de la population souffrent d'une maladie auto-immune, il s'agit à 80 % de femmes. Pour le lupus ou le syndrome de Gougerot-Sjögren, le ratio est même de 9 femmes atteintes pour 1 homme ; il est de 7 pour 1 dans la maladie de Basedow (hyperthyroïdie) ; de 2,5 pour 1 pour la polyarthrite rhumatoïde et de 2 pour 1 pour la sclérose en plaques.

Entre 3 et 5 millions de Français sont atteints d'une maladie auto-immune. Et certains d'entre eux jouent de malchance, car ils ne souffrent pas seulement d'une mais de deux d'entre elles. C'est le cas de 25 % des femmes malades. Ce que nous confirme le Pr Jean Sibilia. Ce scientifique engagé aux multiples casquettes a été longtemps doyen de la faculté de médecine de Strasbourg, également président de la Conférence nationale des doyens des facultés de médecine. Mais ce n'est pas à ce titre que nous le contactons. Ce qui nous intéresse, c'est son titre de coresponsable du Centre national de référence des maladies auto-immunes à Strasbourg et de directeur adjoint d'une unité de l'Inserm dédiée à l'immuno-rhumatologie moléculaire. « Il est fréquent d'observer plusieurs pathologies auto-immunes au sein d'une même famille, et parfois plusieurs pathologies chez une même personne, nous explique-t-il. C'est une situation exceptionnelle, mais une de mes patientes cumule sept maladies auto-immunes ! Elle a un vitiligo, une maladie de Biermer, un syndrome de Sjögren, une sclérodermie, une cirrhose biliaire primitive, une polyarthrite rhumatoïde et une thyroïdite d'Hashimoto. »

Si la surreprésentation des femmes dans ces maladies a longtemps constitué un mystère, la recherche a fait des bonds de géant ces dix dernières années, et les pièces du puzzle de ces maladies jugées très complexes commencent à s'assembler sous les yeux des médecins et scientifiques.

### *Le double X au cœur des maladies auto-immunes*

Longtemps, les chercheurs ont cru pouvoir expliquer la surreprésentation des femmes dans les maladies auto-immunes par les hormones féminines, en l'occurrence les œstrogènes. Mais cette explication a semblé récemment insuffisante car les œstrogènes peuvent même avoir, dans certaines circonstances, un rôle anti-inflammatoire protecteur.

Non, la solution était à chercher dans les chromosomes. C'est du moins le consensus scientifique actuel, nous précise le Pr Sibilia. Vous allez devoir remonter à vos années collège pour vous souvenir de vos cours de biologie. Rappelez-vous, les hommes ont un chromosome X et un chromosome Y, tandis que les femmes possèdent deux chromosomes X. Et il se trouve précisément que X est porteur de nombreux gènes de l'immunité, celle-là même qui dysfonctionne dans les maladies auto-immunes[1].

Autre coïncidence troublante, certains hommes possèdent deux chromosomes X (syndrome de Klinefelter) et chez eux le risque de développer un lupus est aussi élevé que chez les femmes. Les indices convergent donc vers notre suspect « double X ».

On vous épargne la démonstration scientifique complexe que nous a faite le Pr Sibilia. Mais sachez que, généralement, les femmes parviennent à inactiver de façon aléatoire l'un de leurs

1. www.inserm.fr

deux chromosomes X, le laissant en dormance. Avoir un seul X actif les place en quelque sorte à égalité avec les hommes.

Or, des études récentes ont réussi à démontrer que certaines femmes ne parviennent pas à inactiver ce deuxième chromosome X[1]. Vous vous en souvenez, X est impliqué dans les processus immunitaires du corps. Alors, avec deux chromosomes X restant actifs, le corps de ces femmes se surprotège en quelque sorte et développe une hyper immunité anormale, ouvrant ainsi un terrain favorable aux maladies auto-immunes.

Des chercheurs ont également mis en évidence le lien entre grossesse et survenue de certaines maladies auto-immunes. Elles seraient déclenchées par l'échange de cellules entre la femme enceinte et son fœtus à travers le placenta, un phénomène appelé « microchimérisme foeto-maternel »[2]. L'hypothèse est la suivante : au cours de la grossesse, il a été démontré que le bébé laisse des cellules étrangères dans le corps de sa mère, qui perdurent après l'accouchement, même jusqu'à trente ans après. En détectant ces corps étrangers, le système immunitaire de la mère (son système de défense) s'active et, malheureusement, en se retournant par erreur contre son hôte, déclenche une maladie auto-immune[3].

1. Diana R. Dou *et al.*, « Xist ribonucleoproteins promote female sex-biased autoimmunity », *Cell*, février 2024.

2. Sandhya Shrivastava *et al.*, « Microchimerism : a new concept », *Journal of Oral and Maxillofacial Pathology*, mai-août 2019.

3. J. Lee Nelson, « Maternal-fetal immunology and autoimmune disease. Is some autoimmune disease auto-alloimmune or allo-autoimmune ? », *Arthritis and rheumatology*, février 1996.

*Des facteurs environnementaux*

D'autres facteurs ont été pointés du doigt, qui semblent favoriser l'apparition de poussées caractéristiques des maladies auto-immunes. Il s'agit de l'environnement au sens large (le soleil et ses UV, le stress, les perturbateurs endocriniens...), de virus (Epstein-Barr ou le cytomégalovirus), du microbiote intestinal et des œstrogènes (des poussées de lupus peuvent se déclencher pendant la grossesse, productrice d'œstrogènes).

Cet environnement au sens large a peut-être une importance jusqu'alors sous-estimée dans le déclenchement de nombreuses maladies (maladies auto-immunes, mais aussi cancers...). C'est pourquoi il fait l'objet depuis une dizaine d'années de l'attention croissante des scientifiques.

Car le problème, c'est que l'environnement est « genré ». Ou plus précisément : selon le sexe, l'exposition à l'environnement est différente. Prenez un couple homme-femme qui vit dans une coquette maison. A priori, ils respirent le même air, et sont donc soumis aux mêmes expositions de produits chimiques. Eh bien non, expliquait en 2021 un rapport de l'Ipen, le Réseau international pour l'élimination des polluants, soutenu par l'ONU[1] : « Les femmes sont généralement plus touchées, de manière disproportionnée, par l'exposition aux produits chimiques et aux déchets. » Il n'y paraît pas, mais mettre du rouge à lèvres tous les jours revient à exposer sa bouche à des produits chimiques. Les femmes qui en mettent quotidiennement ingèrent même jusqu'à 20 grammes de baume par an, explique le Comité scientifique pour la sécurité des consommateurs de l'Union européenne. Dioxyde de titane,

1. Sara Brosché, *Les femmes, les produits chimiques et les ODD* [objectifs de développement durable], rapport SAICM/Ipen, 2021.

huiles minérales, silicone, diméthicone… voilà une liste non exhaustive de composants du rouge à lèvres.

Nous vous ferons grâce des listes de produits utilisés dans les cosmétiques, du maquillage aux colorants capillaires. Parmi les produits utilisés essentiellement par les femmes, on trouve également les produits ménagers. Car même si on ne nie pas l'effort de certains conjoints, les tâches domestiques restent la « spécialité » des femmes (on ironise, bien sûr). Bref, même en vivant sous le même toit, hommes et femmes ne sont pas exposés de la même façon à l'environnement et aux perturbateurs endocriniens. Et nul doute qu'à exposition égale le corps des hommes et celui des femmes réagissent également différemment à leur environnement. « Les femmes et les produits chimiques sont un sujet sous-exploré qui mérite une plus grande attention », alertait ce rapport de l'Ipen.

Mais alors, quelle est l'origine des maladies auto-immunes ? Est-ce la génétique du patient, son « terrain génétique » favorable, ou bien cet environnement au sens large ? « On en revient à Aristote, commente le Pr Jean Sibilia. C'est encore une question d'œuf et de poule. Il est très compliqué de répondre, car il s'agit de maladies complexes. »

Et là, en très bon vulgarisateur, le professeur d'université se lance avec enthousiasme dans sa démonstration : « Avant, les chercheurs faisaient des petites colonnes verticales et séparaient formellement les facteurs génétiques de ceux de l'environnement, comme le tabac, les hormones et les médicaments. Aujourd'hui, on se rend compte que les maladies sont des modèles complexes liés à des interactions multiples. Notre réaction à l'environnement dépend de notre génétique mais, inversement, l'environnement va modifier l'expression de notre génétique par des mécanismes appelés épigénétiques. Je le dis à mes étudiants : ne voyez pas ces modèles complexes comme des photos, figées. Nos cellules fonctionnent à chaque seconde jusqu'au dernier jour de notre vie et interagissent en permanence avec notre environnement. Le déclenchement des maladies auto-immunes est donc complexe et multifactoriel. »

### *Un effort de recherche important*

Bien que nombreuses et souvent rares, les maladies auto-immunes ont bénéficié d'efforts de recherche considérables. La compréhension de ces maladies a progressé ces dernières années, démontrant la complexité de ces pathologies et de leurs ressorts. Des progrès notables ont été accomplis également dans le diagnostic et les traitements. Des patients sont traités avec des thérapies innovantes telles que les cellules CAR-T.

Tous ces progrès profitent aux malades, en particulier statistiquement aux femmes qui souffrent de maladies auto-immunes. Nous avons jusqu'alors beaucoup écrit dans cet ouvrage que la santé des femmes avait été longtemps négligée, continuait de l'être et que les « maladies de femmes » bénéficiaient d'efforts de recherche moins importants que les « maladies d'hommes ».

Le P^r^ Sibilia a un avis plus nuancé sur le sujet : « Certes, je porte peut-être un regard masculin sur tout cela, mais je pense qu'il y a toujours eu un fort intérêt de la recherche pour les maladies auto-immunes, qui sont très souvent féminines. Il y a certainement de nombreux domaines de la médecine où l'on a mal soigné les femmes, c'est indéniable. Mais ce n'est pas le cas dans l'auto-immunité […] L'homme a pendant longtemps été peu étudié, ce qui a entraîné des retards de diagnostic. Par exemple, le lupus n'étant pratiquement jamais masculin, faire un diagnostic de lupus chez un homme, cela passait à travers les mailles du filet. »

Un avis que conforte l'histoire de ce pauvre patient belge atteint de sclérodermie systémique. Pascal a raconté ses mésaventures dans la presse[1]. La vie quotidienne de ce quinquagénaire est un calvaire : il a froid sans arrêt, est obligé de s'habiller chaudement dès qu'il sort, même en pleine canicule. Et sa peau se durcit. Alerté il y a quelques années par un ulcère au bout des doigts de la main droite, il consulte un dermatologue. Attention, préparez-vous. Diagnostic initial : « Vous êtes allergique au métal de votre braguette » !

« Là, je ne sais pas si je dois rire ou pleurer. Je me sens découragé pour retourner chez un médecin », confie-t-il[2]. Son errance médicale a duré plus d'un an avant qu'un rhumatologue ne parvienne à mettre un nom sur sa maladie.

1. Laurence Dardenne, « Quand j'ai été diagnostiqué, le médecin m'a dit : "Maintenant, pour vous, il n'existe plus que deux saisons" », *La Libre Belgique*, 27 novembre 2023.

2. Sur www.radiorg.be

# Conclusion

Que sait-on de la santé des femmes ? Que sait-on de la santé des mères ? Que sait-on de l'influence du double chromosome X ? De celle des hormones féminines ? Nous n'allons pas répondre : « Rien. » En réalité, la communauté scientifique en sait déjà beaucoup. Le XXe siècle a vu l'émergence d'une médecine moderne performante, et le XXIe siècle est en train de changer la donne (en tout cas pour ceux qui ont la chance de vivre dans un pays doté d'un système de soins moderne et accessible à tous, soit une minorité de la population mondiale).

Prenons ainsi l'exemple des thérapies innovantes qui arrivent à guérir certains cancers du sein, pathologie qui fait toujours des victimes, mais est toutefois devenue bien moins mortelle qu'autrefois. Selon l'Institut national du cancer, en France, cinq ans après le début de la maladie, 87 % des malades sont toujours en vie.

Le chemin parcouru est immense. Pour s'en convaincre, rapportons cette anecdote : dans les années 1870, le chirurgien américain William Halsted – par ailleurs grand cocaïnomane – pratiquait des mastectomies sur les patientes souffrant d'un cancer du sein. Le chirurgien creusait alors tant dans le tissu mammaire qu'il prélevait aussi le muscle grand pectoral. Les patientes perdaient ainsi non seulement un sein mais également l'usage de leur bras, et l'opération douloureuse ne suffisait bien sûr pas en cas de cancer métastasé.

Oui, la santé des femmes va mieux, mieux que jamais. Alors pourquoi écrire sur le sujet ? Parce qu'il reste tant à faire, et que chaque jour apporte son lot de découvertes fascinantes. Comme nous achevions la rédaction de ce livre, nous nous sommes intéressées à un article rapportant le travail de chercheurs sur le cerveau d'une mère. L'équipe de scientifiques de l'université de Californie a cartographié le cerveau d'une femme enceinte, au long des neuf mois de grossesse et jusqu'à deux ans après la naissance, grâce à 26 IRM et des prélèvements sanguins réguliers[1].

Le résultat est passionnant : semaine après semaine, les chercheurs ont noté des modifications de volume des régions cérébrales. L'étude montre ainsi que « la grossesse se caractérise par une réduction du volume de matière grise, un amincissement cortical et une intégrité microstructurale améliorée de la substance blanche [...] Certains de ces changements persistent deux ans après l'accouchement », concluent les auteurs.

« Tant à l'adolescence qu'à la matrescence, l'augmentation considérable de la production d'hormones stéroïdes semble remodeler le cerveau, favorisant une série de comportements adaptatifs à cette étape de la vie. [...] Un examen plus approfondi des mécanismes cellulaires et systémiques améliorera notr compréhension de la façon dont la grossesse remodèle des circuits spécifiques pour promouvoir le comportement maternel », préconisent ces chercheurs. En résumé et en langage grand public : le comportement maternant des mères serait permis par des changements physiologiques qui touchent également leur cerveau lors de la grossesse.

On le voit, les immenses progrès technologiques ouvrent un nouveau champ pour mieux comprendre la santé des femmes. Encore faut-il les utiliser à bon escient.

Et c'est là que les acteurs, publics et privés, mais aussi les associations de patientes ou les médias, ont un rôle à jouer. Avec ce livre, nous avons voulu alerter. Les pouvoirs publics doivent réaliser qu'ils ne peuvent pas laisser le champ de la santé des

1. Laura Pritschet *et al.*, « Neuroanatomical changes observed over the course of a human pregnancy », *Nature Neuroscience*, septembre 2024.

femmes à des acteurs qui ne sont pas sérieux. Il faut une action coordonnée, des fonds pour la recherche, et une réglementation rigoureuse qui soit appliquée aux produits destinés aux femmes.

Il y va de leur santé, mais aussi de celle des hommes. Car déterminer en quoi le sexe a un impact sur telle ou telle maladie pourra être également bénéfique aux hommes. Citons par exemple la maladie de Parkinson, qui les touche majoritairement. S'il est une chose pour laquelle les hommes et les femmes peuvent s'entendre, c'est ce désir universel de vieillir avec la meilleure santé possible.

Édité par HarperCollins France.

Composition et mise en pages
Nord Compo à Villeneuve-d'Ascq

Achevé d'imprimer en janvier 2025.

CPI
FIRMIN-DIDOT

à Mesnil-sur-l'Estrée (Eure)

Dépôt légal : février 2025.

Pour limiter l'empreinte environnementale de ses livres, HarperCollins France s'engage à n'utiliser que du papier fabriqué à partir de bois provenant de forêts gérées durablement et de manière responsable.

*Imprimé en France*